JN314679

pot ブックス

発表会のための
年齢別 劇・オペレッタ＆合奏

チャイルド本社

もくじ

年齢別 コスチューム&大道具・小道具の作り方

「さるとかに」……… 4
「王様の耳はろばの耳」……… 6
「かさじぞう」……… 8
「3びきのこぶた」……… 10
「こびとのくつや」……… 12
「おむすびころりん」……… 14

年齢別 楽しい 劇・オペレッタ シナリオ集

5歳児	オペレッタ	「さるとかに」……… 18
5歳児	劇	「王様の耳はろばの耳」……… 26
4歳児	オペレッタ	「かさじぞう」……… 33
4歳児	劇	「3びきのこぶた」……… 41
3歳児	劇	「こびとのくつや」……… 49
3歳児	オペレッタ	「おむすびころりん」……… 56

❀ 発表会のポイント　劇・オペレッタ編 ……… 62

年齢別 簡単にできる！合奏アレンジ集

5歳児	合奏	「手のひらを太陽に」	64
5歳児	合奏	「メヌエット」	69
4歳児	合奏	「おもちゃのチャチャチャ」	76
4歳児	合奏	「メリさんのひつじ」	80
3歳児	合奏	「山の音楽家」	85
3歳児	合奏	「アブラハムの子」	88
2歳児	歌あそび	「かわいいかくれんぼ」	92
2歳児	歌あそび	「おつかいありさん」	94

✿ 発表会のポイント　合奏編 …………… 96

✱ 発表会当日のアドバイス　子どもたちへの対応 …………… 98
✱ 発表会前&当日のアドバイス　保護者&来場者への対応 …………… 99
✱ コピー用型紙 …………… 100

年齢別 コスチューム＆大道具・小道具の作り方

5歳児 オペレッタ
さるとかに
➡ 脚本…18〜25ページ

案・脚本●浅野ななみ
製作●まーぶる

さる
茶色のベストとお面を身に付ければ、さるさんのできあがり！

材料 不織布、色画用紙、輪ゴム

型紙は100ページ

くり
頭をツンととがらせたお面は、ニッコリ笑顔で元気いっぱい！

型紙は100ページ

材料 不織布、カラービニールテープ、色画用紙、輪ゴム

かに
大きなはさみでチョッキンチョッキン！ 真ん丸な目がポイントです。

POINT 両手の大きなはさみは動かしやすいように、手首と手のひらの2か所に、丸ゴムを付けています。

材料 不織布、色画用紙、段ボール板、丸ゴム、輪ゴム、発泡球、モール、カラービニールテープ

型紙は100ページ

かわいいお尻としっぽで後ろ姿もさるさん。不織布のしっぽは、カールさせて。
しっぽはクルリンと！

作り方

かに
- 発泡球にカラービニールテープを丸く切って貼る 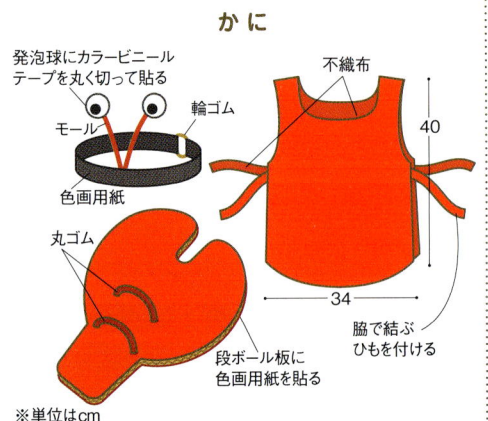
- モール
- 色画用紙
- 輪ゴム
- 不織布
- 40
- 34
- 脇で結ぶひもを付ける
- 丸ゴム
- 段ボール板に色画用紙を貼る

さる
- 輪ゴム
- 不織布
- 色画用紙
- 40
- 35
- 色画用紙
- 両脇を貼り合わせたあと、前身頃の中心を切り、胸もとで結ぶひもを付ける

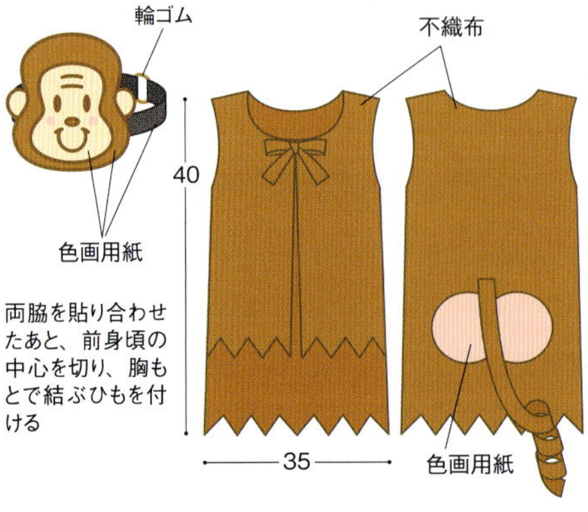

くり
- 輪ゴム
- 色画用紙
- 不織布
- 40
- 34
- 脇で結ぶひもを付ける
- カラービニールテープを三角に切って貼る

※単位はcm

うす

どっしり力持ちのうすさん。腰に太めの帯を巻けば、グッと力が入りそう。

POINT
力持ちのうすさんは、ポーズが決まるよう幅広の帯を巻いて。

型紙は **100** ページ

材料
不織布、色画用紙、輪ゴム

はち

手に針を持ったはちさん。ユラユラ揺れる触角と、丸く膨らんだお尻がかわいい!

POINT
針は新聞紙などを巻いた棒にカラーポリ袋で作った針先を入れて留めます。

材料
不織布、カラーポリ袋、カラービニールテープ、平ゴム、新聞紙、モール、アルミホイル、色画用紙、画用紙、輪ゴム、白タイツ

大道具・小道具
型紙は 100~101 ページ

第1幕

木①②
- 葉は色画用紙で作り、折り筋を付ける
- 段ボール板に色画用紙を貼る
- ※自立するように後ろに支えを付けます(「水がめ」の裏側と同様に)。

かきの木 <表面>
- 大きめの段ボール箱に色画用紙を貼る
- 切り取る
- 両脇に切り込みを入れる

芽を出したかきの木 <裏面>
- 色画用紙
- かきの木の裏面に貼る

実がなったかきの木
- 新聞紙を丸めてカラーポリ袋で包み、裏で留める
- 段ボール板に色画用紙を貼る

かきの種
- 色画用紙
- 段ボール板に色画用紙を貼る

おむすび
- 段ボール板に画用紙を貼り、点々を描く
- 色画用紙を貼る

第2幕

囲炉裏
- 段ボール板に色画用紙を貼る
- ※自立するように後ろに支えを付けます(「水がめ」の裏側と同様に)。

水がめ
- 段ボール板に色画用紙を貼る
- <裏> 段ボール板で支えを作り、自立させる

はち <裏側>
- 不織布
- 画用紙で羽を作る
- アルミホイル
- モール
- 輪ゴム
- 色画用紙
- 折り返して平ゴムを通して留める
- カラービニールテープ
- カラーポリ袋
- 34 / 55 / 40 / 40
- 脇で結ぶひもを付ける

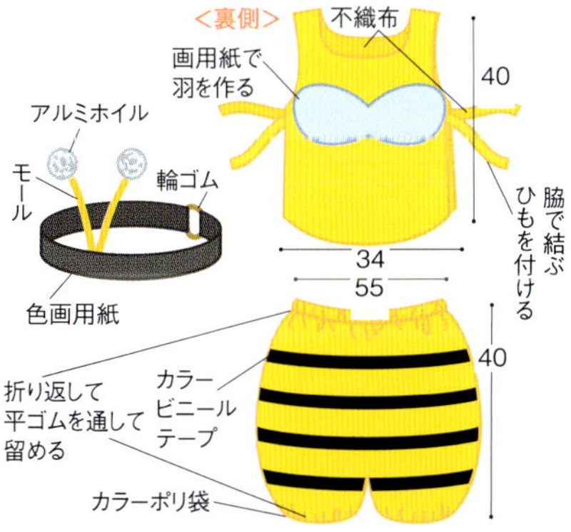

うす
- 輪ゴム
- 色画用紙
- 色画用紙
- 不織布
- 脇で結ぶひもを付ける
- 帯状に長く切った不織布をウエストに巻く
- 50 / 35

作り方イラスト ●あまだよう

5歳児 劇
王様の耳はろばの耳

➡ 脚本…26〜32ページ

案・脚本●犬飼聖二
製作●やのちひろ

大臣
王様に忠実に仕える大臣のイメージにピッタリな青いコスチューム。

材料
不織布、カラー工作用紙、面ファスナー、綿ロープ、丸シール、白タイツ
※衣装は、王様、とこやさんの三兄弟と色違いです。

女の子
真っ赤なリボンがとってもキュート。編み上げ靴下にも注目！

POINT
王冠の軸となるカラー工作用紙は、鉛筆などでカールさせておくと形が作りやすくなります。

王様
りりしいマントと、キラキラした王冠で王様の貫禄たっぷり！

王冠を脱ぐとろばの耳が！

※ろばの耳は、子やぎ・いぬ・花のお面と同様に帯バンドを作り、不織布の耳を2枚重ねて貼り付けます。

材料
不織布、カラー工作用紙、色画用紙、綿ロープ、キラキラしたシール（王冠に貼る）、長靴、面ファスナー

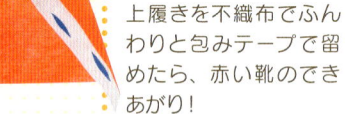

POINT
上履きを不織布でふんわりと包みテープで留めたら、赤い靴のできあがり！

材料
不織布、カラー工作用紙、輪ゴム、綿ロープ、リボン、白い靴下

型紙は102ページ

作り方
※不織布は全て木工用接着剤で貼り合わせています。

王様
＜王冠＞
カラー工作用紙／不織布 直径が★と同じ寸法／×をカラー工作用紙の中心に合わせて貼る／カラー工作用紙／ギャザーを寄せながら縁に貼る

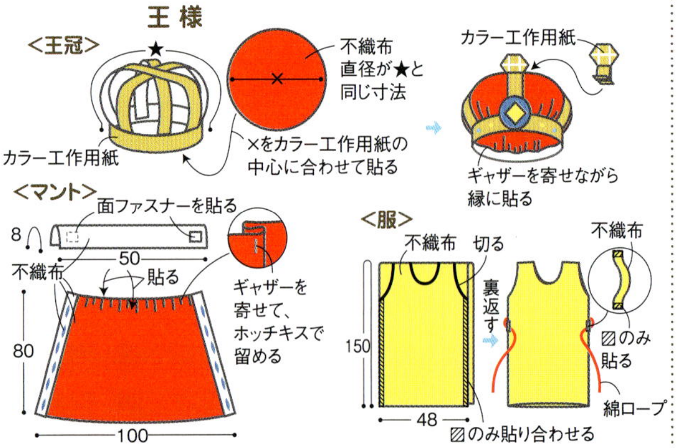

＜マント＞
面ファスナーを貼る／不織布／貼る／ギャザーを寄せて、ホッチキスで留める
8／50／80／100
※単位はcm

＜服＞
不織布／切る／裏返す／不織布／■のみ貼る／150／48／■のみ貼り合わせる／綿ロープ
※大臣、とこやさんの3兄弟も同じです。

大臣
カラー工作用紙／丸シール

＜マント＞
75
※作り方は王様のマントと同じです。

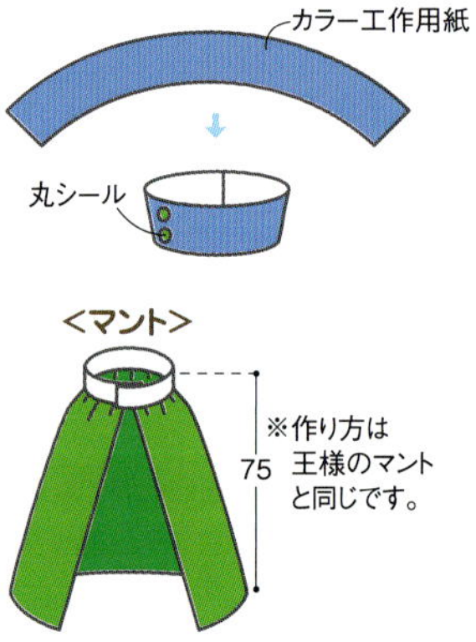

女の子
＜頭の飾り＞
貼る／輪ゴム／カラー工作用紙／リボン／反対側も／■のみ貼る

＜靴下＞
向う側の輪に通す／不織布／リボンを通す／結ぶ

＜服＞
切る／■のみ貼る／裏返す／130／48／不織布を貼る／不織布／綿ロープ

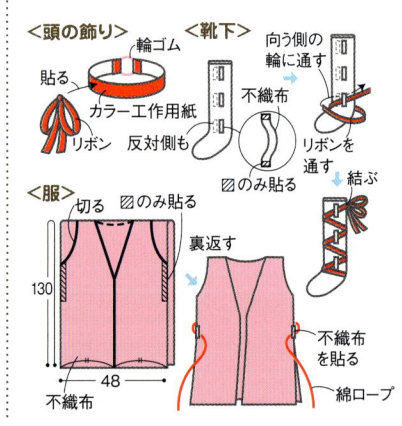

兵士

丈夫なよろいを身に付けた兵士。鋭い短剣を思い切り突き出そう！

型紙は **102** ページ

POINT
輪にした不織布をよろいに付けて、短剣さしに。

材料
段ボール、色画用紙、ゴムひも、リボン、カラー工作用紙、ホイルテープ、不織布、キッチンペーパーの芯、布テープ、丸シール、白い靴下

子やぎ・いぬ・花

第三幕で楽しくうたいながら登場。かぶるだけで表情が豊かに。

型紙は **101** ページ

- 子やぎ
- いぬ 
- 花 

材料 カラー工作用紙、輪ゴム、厚紙、色画用紙

とこやさんの3兄弟

腰ひもと頭に巻く布の色を合わせて、元気いっぱいのとこやさんに。

材料 不織布、綿ロープ、リボン、白い靴下、布

※衣装は王様、大臣と色違いで、靴と靴下は女の子と兵士と色違いです。

大道具・小道具

背景
模造紙に絵を描く

宮殿
段ボールに、模造紙を貼り、宮殿の絵を描く
王様の椅子を置く

王様の椅子
椅子に色画用紙などで飾り付けをする
布

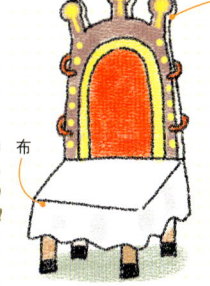

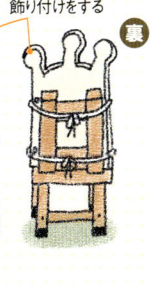

はさみ
厚紙
型紙は **102** ページ

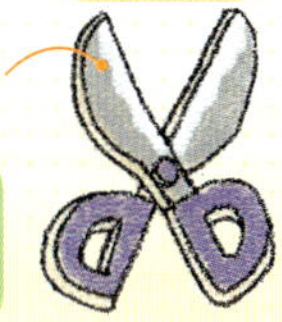

つぼ・くし
厚紙

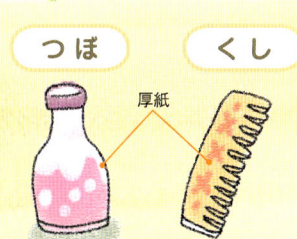

兵士

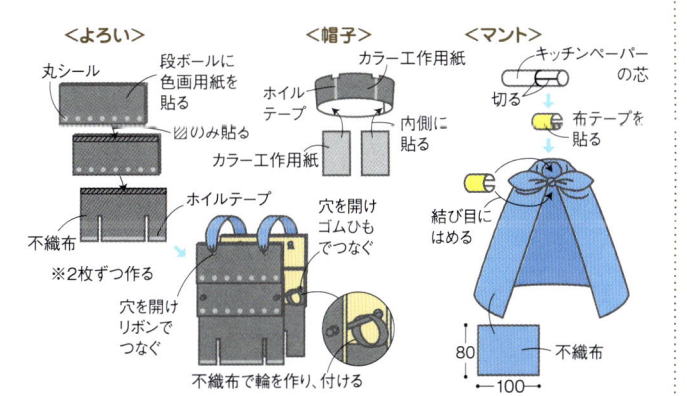

〈よろい〉
- 丸シール
- 段ボールに色画用紙を貼る
- のみ貼る
- ホイルテープ
- 不織布
- ※2枚ずつ作る
- 穴を開けゴムひもでつなぐ
- 穴を開けリボンでつなぐ
- 不織布で輪を作り、付ける

〈帽子〉
- カラー工作用紙
- ホイルテープ
- 内側に貼る
- カラー工作用紙

〈マント〉
- キッチンペーパーの芯
- 切る
- 布テープを貼る
- 結び目にはめる
- 不織布
- 80 × 100

子やぎ・いぬ・花
- 輪ゴム
- 貼る
- カラー工作用紙
- 厚紙に色画用紙を貼る

作り方イラスト ● やのちひろ

4歳児 オペレッタ
かさじぞう
➡ 脚本…33〜40ページ

案・脚本 ● 犬飼聖二
製作 ● あさいかなえ、みつき

おじいさん
全体的にコスチュームの色合いを渋めにするとぐっとおじいさんらしく。

POINT
色画用紙でつぎはぎをするだけで、ちゃんちゃんこの雰囲気がガラリと変わります。

材料
スモック、カラーポリ袋、和柄の巾着袋、不織布、ひも、カラービニールテープ、色画用紙、ズボン（地味めな色のもの）
※ぞうりは14ページのおばあさんと色違いです。

POINT
手ぬぐいをふんわり巻くと、おばあさんらしく見えます。

おじぞうさん
大人用のグレーのTシャツは、長さも色も、おじぞうさんにピッタリ！

POINT
作るのは、おじぞうさんの赤いよだれかけだけでOK！

材料
大人用のTシャツ、靴下、不織布

おばあさん
赤いちゃんちゃんこがかわいいおばあさん。手ぬぐいをかぶったり和柄の布を前かけにして雰囲気を出して。

材料
スモック、布、カラーポリ袋、和柄の布、手ぬぐい、千代紙、色画用紙、カラービニールテープ

作り方

おじぞうさん
不織布
ホッチキスで留める

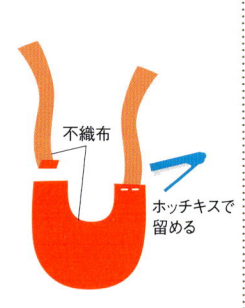

おじいさん
ひも
不織布
この部分を耳にかける
カラービニールテープ

〈頭巾〉
巾着袋

〈ちゃんちゃんこ〉
首を出す部分を切り取る
腕を出す部分を切り取る
色画用紙
カラーポリ袋
36
45

スモックを前後逆に着る
※ズボンのひざにも、ちゃんちゃんこと同様に紙を貼ります。
※単位はcm

おばあさん
〈着物の上半分〉
頭に巻く手ぬぐい
カラービニールテープ
貼る
千代紙
スモックを前後逆に着る

〈前かけ〉
布
和柄の布

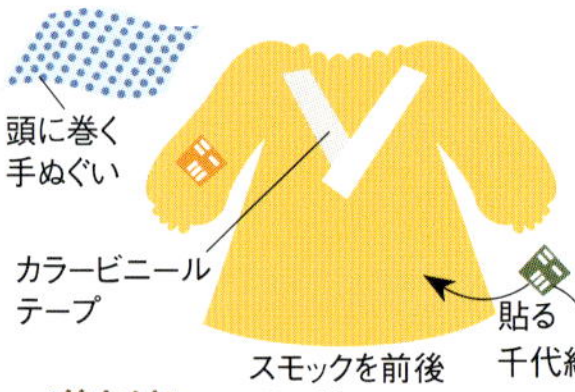

〈ちゃんちゃんこ〉
45 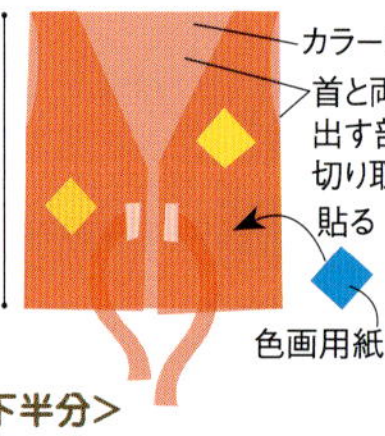
カラーポリ袋
首と両腕を出す部分を切り取る
貼る
色画用紙
36

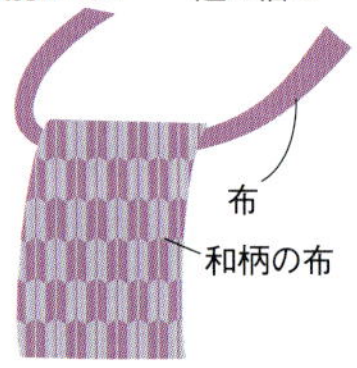

〈着物の下半分〉
布
筒状にして巻き、前かけのひもで結ぶ

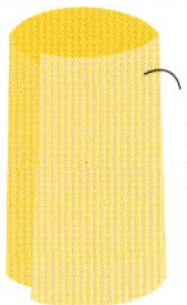

村の子ども（男の子）

カラーポリ袋で作る着物は、着脱しやすいかぶるタイプ。

POINT
胸元にビニールテープを貼って、着物の合わせ風に。

材料 カラーポリ袋、カラービニールテープ、千代紙、手ぬぐい

村の子ども（女の子）

スモックを前後逆に着て、手ぬぐいを締めるだけでできあがり！

材料 スモック、手ぬぐい、カラービニールテープ、千代紙、色画用紙

村の子ども（女の子）
- スモックを前後逆に着る
- カラービニールテープ
- 千代紙　貼る
- 手ぬぐい

村の子ども（男の子）
- 1枚のカラーポリ袋
- 首と両手を出す部分を切り取る
- カラービニールテープ　貼る
- 千代紙　貼る
- 子どもの身長に合わせて長さを調整して切る
- 手ぬぐい

大道具・小道具

POINT
背景は全部で3点。シーンを簡単に変えられるよう、段ボール箱を使いましょう。

背景

第1幕 段ボールを三角の筒状にして、側面に絵を描く

おじいさんとおばあさんの家。昔話に出てきそうな家をイメージして、わらぶきの屋根で、囲炉裏のある空間にしましょう。

第2幕

昼の雪景色。笠を売りに町に出かけたおじいさんが、おぞうさんと出会うシーンです。雪が降る山道をイメージしましょう。

第3幕

夜の雪景色。おじいさんに、おじぞうさんたちが贈り物を届けるシーンです。夜空と雪が積もった山道、家を描きましょう。

宝箱
- 大きめの空き箱
- 金色の丸シール
- 綿ロープ
- 色画用紙を貼る

わら靴
- 色画用紙
- 長靴
- クレープ紙を巻く

野菜
- 色画用紙を丸めて作る
- ※かごは、園にあるものを使いましょう。

笠
作り方
- 工作用紙
- 切り取る
- 色画用紙
- ひも
- 貼る
- クレヨンで模様を描く

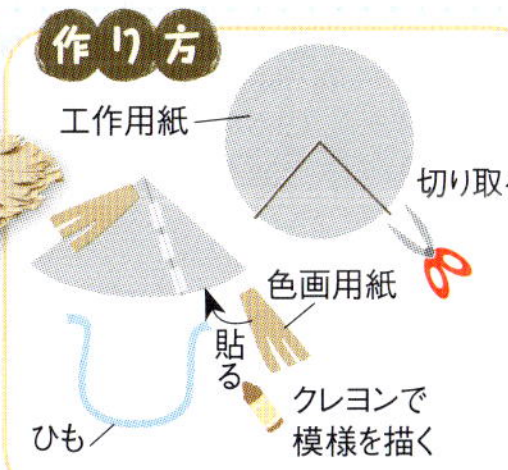

米俵
- 大きめのバスタオルを畳んで丸める
- クレープ紙で丸めたバスタオルを包む
- スズランテープでしばる

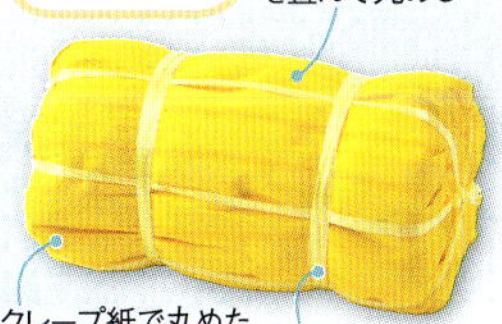

作り方イラスト●みつき

4歳児 劇
3びきのこぶた
➡ 脚本…41〜48ページ

案・脚本・製作 ● あかまあきこ

くるんと丸まったしっぽがとてもかわいいこぶたさん。色違いのベストを着て、元気いっぱいに演じよう！

型紙は **102** ページ

こぶた①
こぶた②
こぶた③

POINT
腕を通したあとに両脇を両面テープで留めるから、脱ぎ着が簡単！

POINT
針金入りのしっぽは、身に付けてからくるんとかわいらしく見えるように調節しましょう。

材料
※こぶた①〜③共通です。
不織布、布用両面テープ（ベスト）／フェルト、針金、ゴムひも（しっぽ）／色画用紙、厚紙、輪ゴム（お面）

作り方

こぶた

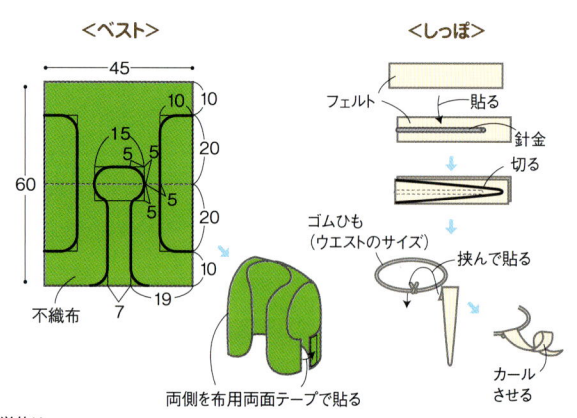

＜ベスト＞
45 / 10 / 10 / 15 / 5 / 5 / 20 / 5 / 5 / 20 / 10 / 60 / 7 / 19
不織布
両側を布用両面テープで貼る

＜しっぽ＞
フェルト → 貼る
針金 → 切る
ゴムひも（ウエストのサイズ）挟んで貼る
カールさせる

おおかみ

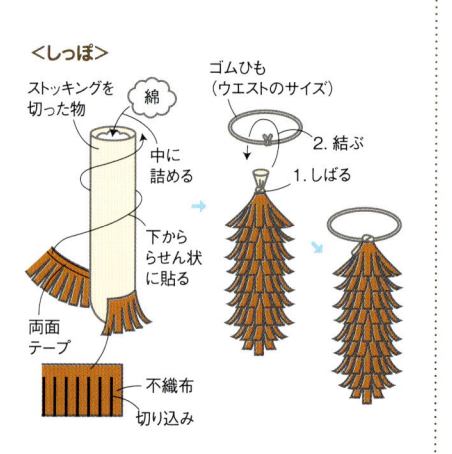

＜しっぽ＞
ストッキングを切った物
綿
中に詰める
ゴムひも（ウエストのサイズ）
2. 結ぶ
1. しばる
下かららせん状に貼る
両面テープ
不織布
切り込み

お面

輪ゴム
色画用紙
貼る
厚紙に色画用紙を貼る

※単位はcm

作り方イラスト ● やのちひろ

おおかみ

ボリュームたっぷりのフサフサのしっぽに注目！思わず「ガオーッ！」とポーズしたくなる迫力です。

材料
色画用紙、厚紙、輪ゴム（お面）／ストッキング、綿、両面テープ、不織布、ゴムひも（しっぽ）

型紙は **102** ページ

POINT
ストッキングで作った芯に、切り込みを入れた不織布を下かららせん状に貼ると、こんなにボリューム感アップ。

わらを持った人（農家の人風に）
- 麦わら帽子
- 長袖Tシャツ
- カラービニールテープ

木の板を持った人（きこりさん風に）
- バンダナ
- 大人用のベスト
- ひもで結ぶ

れんがを持った人（大工さん風に）
- 帽子
- オーバーオール

POINT
わらを持った人、木の板を持った人、れんがを持った人は、洋服をくふうして衣装にしましょう。

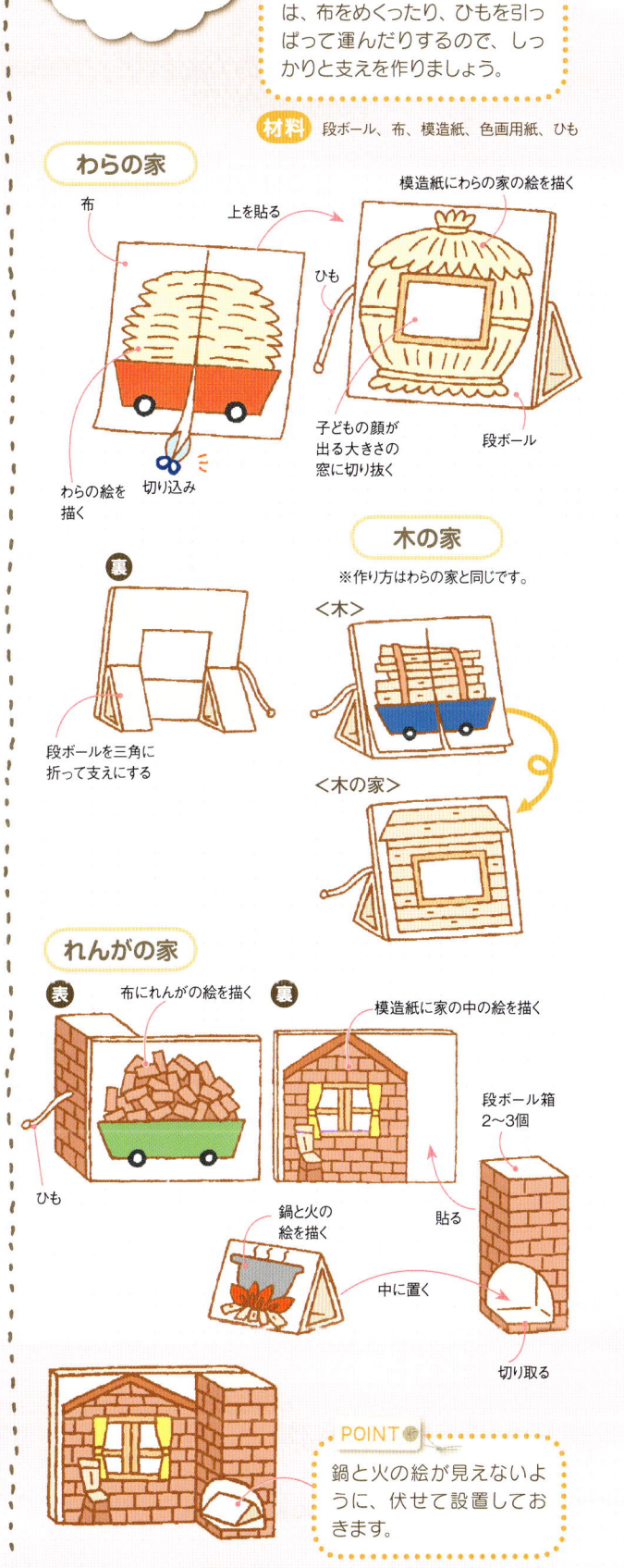

大道具

POINT
こぶたたちが建てる3つの家は、布をめくったり、ひもを引っぱって運んだりするので、しっかりと支えを作りましょう。

材料 段ボール、布、模造紙、色画用紙、ひも

わらの家
- 布
- 上を貼る
- わらの絵を描く
- 切り込み
- 模造紙にわらの家の絵を描く
- ひも
- 子どもの顔が出る大きさの窓に切り抜く
- 段ボール
- （裏）段ボールを三角に折って支えにする

木の家
※作り方はわらの家と同じです。
〈木〉
〈木の家〉

れんがの家
- （表）布にれんがの絵を描く
- （裏）模造紙に家の中の絵を描く
- ひも
- 段ボール箱2〜3個
- 鍋と火の絵を描く
- 貼る
- 中に置く
- 切り取る

POINT
鍋と火の絵が見えないように、伏せて設置しておきます。

3歳児 劇 こびとのくつや

➡ 脚本…49～55ページ

案・脚本・製作●山本省三

おばあさん
エプロンをつけてせっせと働くおばあさんは、眼鏡がお似合い！

材料 不織布、布用両面テープ、色画用紙、ゴムひも

型紙は103ページ

POINT 帽子のリボンとちょうネクタイを同じ色でそろえると、全身に統一感がでます。

POINT エプロンの下からスカートの柄が見えるよう、スカートは少し長めに。

おじいさん
立派なひげと青いベストを身につけたら、すっかりしぐさもおじいさんに。

材料 不織布、布用両面テープ、画用紙、ゴムひも、綿

お客①
かしこまった帽子をかぶれば、きりっとした紳士に変身。

材料 色画用紙、ゴムひも

型紙は103ページ

作り方

おじいさん
〈ベスト〉 〈ひげ〉
画用紙、ゴムひも、穴を開けて通す、綿、薄く広げて貼る
不織布
※単位はcm
布用両面テープで貼る

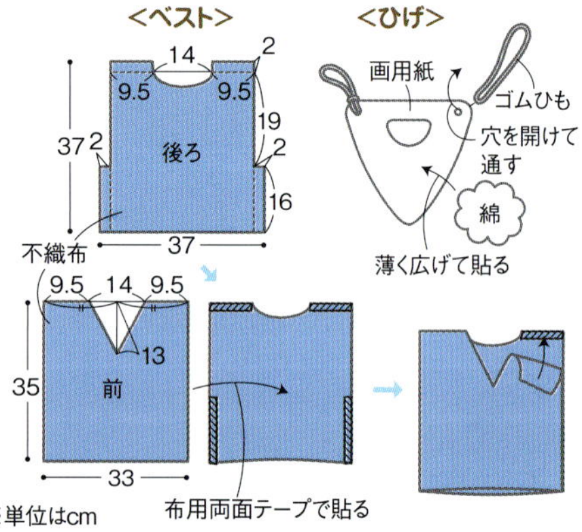

おばあさん
〈エプロン〉 〈眼鏡〉
不織布、布用両面テープで貼る
ゴムひも、色画用紙
長さ56

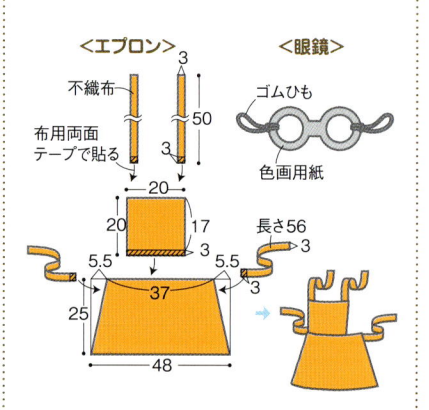

お客①
〈帽子〉 〈ちょうネクタイ〉
色画用紙、ゴムひも
貼る、内側をセロハンテープで留める
折る、切り込み、内側に貼る

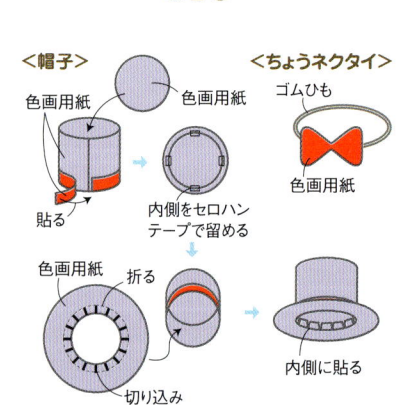

こびと①②

頭にちょこんと載せた三角帽とベストでカラフルなこびとの完成！

材料
色画用紙、カラーポリ袋、丸シール

- お客② : 帽子に花をつける／ブラウス／長いスカート
- こびと③ : 色画用紙／トレーナーとズボン
- こびと④

※三角帽とベストは、色を変えてこびと①②と同様に作ります。

こびと

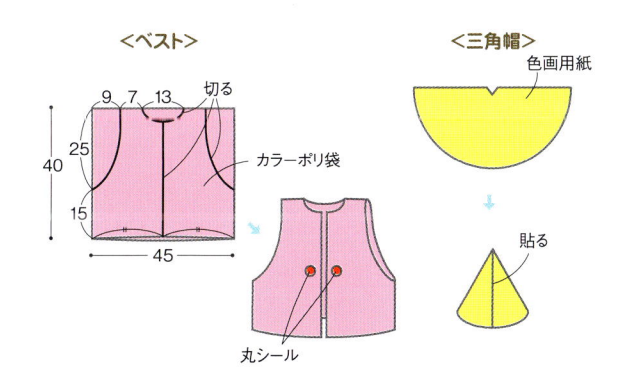

＜ベスト＞
9　7　13　切る
25
40
15
45
カラーポリ袋
丸シール

＜三角帽＞
色画用紙
貼る

大道具・小道具

窓
画用紙／貼る／二つ折りにした画用紙／貼る
＜昼＞ 窓枠と太陽の絵を描く
＜夜＞ 窓枠と月の絵を描く
＜飾り付き＞ 窓枠と飾り物の絵を描く

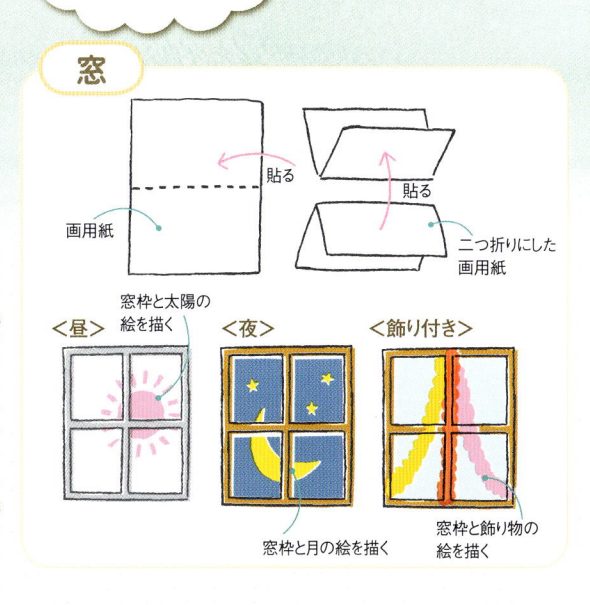

靴・ケーキ
＜立たせ方＞ 厚紙に絵を描いた画用紙を貼る／裏側に厚紙の支えを付ける
＜ケーキ＞ ＜紳士靴＞ ＜パンプス＞ ＜ブーツ＞ ＜子ども靴＞ ＜サンダル＞

靴の皮（2枚）
厚紙／切ったカラーポリ袋

テーブル
布（すっぽり覆う）／テーブル

針（1本）
厚紙／ひも

はさみ（1個）
厚紙

型紙は**103**ページ

金づち（大・小）
トイレットペーパーの芯や厚紙に色画用紙を巻く

金貨（6枚）
厚紙に金紙を貼る／持ちやすいように貼り付けておく

作り方イラスト ●やのちひろ

3歳児 オペレッタ
おむすび ころりん

➡ 脚本…56〜61ページ

案・脚本 ● 山本和子
製作 ● あさいかなえ

おばあさん
つぎはぎをしたコスチュームと、和柄の小物で昔話の雰囲気に。

POINT
上履きのつま先にカラービニールテープを鼻緒風に貼るとぞうりに！

POINT
紅白帽に、色画用紙と画用紙で作った丸い耳を貼ってかわいらしく。

おじいさん
フワフワとした真っ白なひげを付けておじいさんに変身！

POINT
立派なひげは、不織布にひもを付けて耳からかけるだけで完成。

おむすび
頭にふっくらおいしそうなおむすびを載せて。作り方はおじいさんが落とすおむすび（16ページ）と同じ要領です。

材料
色画用紙、画用紙、新聞紙、輪ゴム、工作用紙

ねずみ
全身真っ白なねずみさん。紅白帽に付けた耳と、曲がるストローのしっぽがポイント。

材料
紅白帽、色画用紙、画用紙、曲がるストロー、白タイツ

型紙は103ページ

作り方
※おじいさん、おばあさん、村の子ども（女の子）、村の子ども（男の子）は8〜9ページと同じです。

おむすび
- 輪ゴム
- 工作用紙
- 丸めた新聞紙
- もんで柔らかくした画用紙で、丸めた新聞紙を包む
- 貼る
- 貼る
- 色画用紙

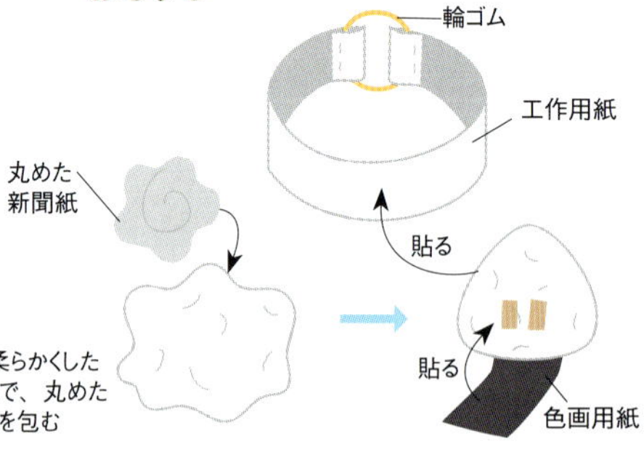

ねずみ
- 画用紙
- 色画用紙
- 貼る
- 折って、切り込みを入れる
- 切り込みを入れた部分を貼り付けて留める
- 紅白帽

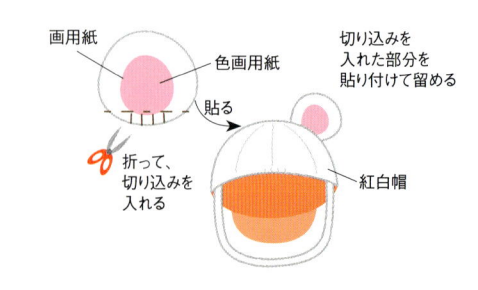

※単位はcm

14

ねこ

カラフルなカラーポリ袋にちょこんと垂れたしっぽが特徴的！

材料 カラーポリ袋、色画用紙、カラー工作用紙、輪ゴム、市販のマスク、ボンテン、モール、風船、不織布

型紙は **103** ページ

POINT 市販のマスクを使って、鼻とひげ、口もとを作ります。

POINT 細長い風船を少しだけ膨らませると、かわいらしいしっぽに変身。

村の子ども（男の子）

サイズ調整しやすいカラーポリ袋の着物は、手ぬぐいの帯でぐっと締めて。

村の子ども（女の子）

ビニールテープを貼っただけでできる、着物の合わせに注目！

黒子

劇のスムーズな展開に欠かせない黒子さん。すばやい動きで劇を盛り上げます。

材料 黒いネット、カラー工作用紙、輪ゴム

大道具

型紙は **103** ページ

山
段ボール板に色画用紙を貼る

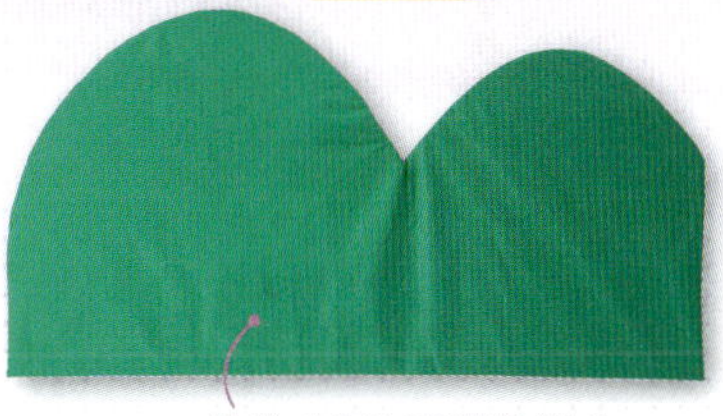

岩
おじいさんが座れるように積み木などを置く
後ろ
段ボール板に色画用紙を貼る

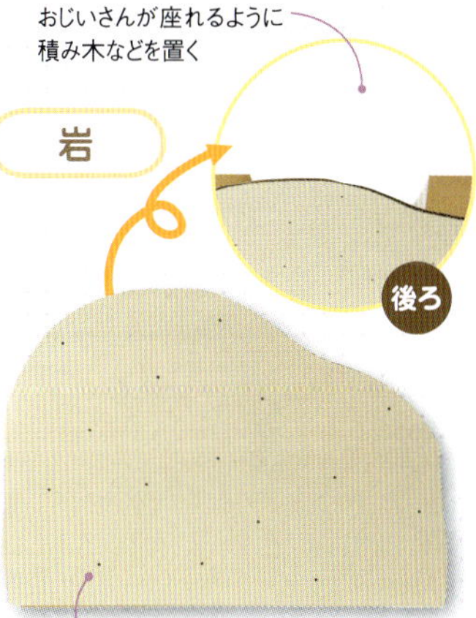

穴の入り口
新聞紙を丸めた物を貼る 
段ボール箱

作り方
カラーポリ袋を2枚貼る
段ボール箱
貼る
新聞紙を丸めて貼る
入り口、出口となる両面を子どもが通れるよう切り取る

ねこ
- ボンテンを鼻の位置に貼る
- モールを通した裏側にクラフトテープを貼る
- 市販のマスク
- 風船を少し膨らませてしっぽにする
- 色画用紙
- カラー工作用紙
- 肩にかける部分
- 不織布
- 貼る
- カラーポリ袋
- モール
- 輪ゴム
- 切り込みを入れて、セロハンテープで留める

黒子
- カラー工作用紙
- 輪ゴム
- ホッチキスで留める
- 黒いネット

作り方イラスト●みつき

小道具

おむすび
- 色画用紙を貼る
- もんで柔らかくした画用紙で、丸めた新聞紙を包む

きのこ
- 色画用紙で円すいを作る
- 丸シール
- 画用紙で筒を作る

かご
- 市販のかご
- スズランテープを結び付ける

お弁当
- おむすびを手ぬぐいなどで包む

宝箱
- キラキラした紙を星形に切る
- 空き箱
- キラキラしたモール

ごちそう

〈ちらしずし〉
- モール
- 丸シール
- 丸めた新聞紙を画用紙で包む
- フェルト（色画用紙でも）
- 片段ボールで筒を作り、色画用紙で包む

〈紅白のもち〉
- 新聞紙などを丸めてお花紙で包む
- 紅白の紙を重ねる
- 空き箱

〈ケーキ〉
- お花紙で花を作る
- 片段ボールで筒を作り、お花紙を周囲に貼る
- 包装紙を貼る（Ⓐ）
- Ⓐよりひと回り大きく作る
- 空き箱のふたにシールなどを貼る

〈肉〉
- もんで柔らかくした色画用紙
- 中は丸めた新聞紙
- 先に切り込みを入れた画用紙を巻く

〈魚〉
- 画用紙
- 丸シール
- 色画用紙
- 紙皿
- 色画用紙

〈オムライス〉
- 不織布
- 色画用紙
- ケチャップは色画用紙
- 中は丸めた新聞紙

年齢別

楽しい 劇・オペレッタ シナリオ集

おなじみの昔話や物語を、発表会で楽しめる劇やオペレッタにアレンジしました。各年齢の子どもたちが生き生きと取り組めるアイデアがいっぱいです。

5歳児
- オペレッタ 「さるとかに」
- 劇 「王様の耳はろばの耳」

4歳児
- オペレッタ 「かさじぞう」
- 劇 「3びきのこぶた」

3歳児
- 劇 「こびとのくつや」
- オペレッタ 「おむすびころりん」

❀ 発表会のポイント　劇・オペレッタ編

オペレッタ 5歳児

さるとかに

昔話を歌と踊りで楽しく演じます。意地悪をしたさるをみんなで懲らしめる場面では、少しオーバーに、ユーモラスに演じてみましょう。

案・脚本●浅野ななみ　イラスト●まーぷる

配役
衣装の作り方は4〜5ページ

- かに
- さる
- はち
- うす
- くり

大道具 小道具
作り方は5ページ

- かきの木、かきの実ボード
  - かきの実ボード
  - かきの木（表面）（裏面）
- 木①
- 木①②
- 囲炉裏
- 水がめ
- かきの種
- おむすび
- かご

第1幕

● 舞台に、かきの木（表面）と木①②を置く。

ナレーター　むかしむかし、おむすびを持っていたかにと、かきの種を持っていたさるがいました。
かにとさるは、おむすびとかきの種を取り替えっこしました。

● おむすびを持って、さるが登場。

さる　いいものと取り替えちゃった！

<舞台の配置>

↓かきの実ボードを木①の後ろに置きます。

木①　かきの木　木②

| 歌① | ● 「さるとかにの歌」の1番をうたい踊る。 |

「さるとかにの歌」1番

♪おおきい　おおきい　おむすびを
　はやく　たべよう　うまそうだ
　パクパク　ムシャムシャ　たべちゃった　パックーン

● さるが退場したら、かきの種を持って、かにが登場。

かに　いいものをもらったぞ！
このかきの種を植えれば、おいしいかきがいっぱい食べられるぞ！

● 「さるとかにの歌」の2番をうたい踊る。

歌①

「さるとかにの歌」2番

♪ちいさい　ちいさい　かきのたね
　はやく　めをだせ　えだ　のばせ
　ださぬと　はさみで　ちょんぎるぞ　チョッキーン

● かきの木を回して、芽が出た（裏面）にする。

かに　おっ！　芽が出てきたぞ。

● 「さるとかにの歌」の3番をうたい踊る。

歌①

「さるとかにの歌」3番

♪ちいさい　ちいさい　かきのたね
　はやく　はをだせ　みを　つけろ
　ださぬと　はさみで　ちょんぎるぞ　チョッキーン

● もう一度、かきの木を回して（表面）にし、かきの実ボードを挟む。

かに　わあ！　いっぱい実がなったぞ！
でも、木が高くて手が届かないよ…。
そうだ、木登りが上手なさるさんに、とってもらおう！
さるさーん、さるさーん！

● さるが登場。

かに　さるさん、あのかきの実をとってくれないかい？

さる　おやすいごよう。だけど、おいらにもかきをくれるかな？

かに　もちろん、いいよ！

かきの木の動かし方①

かきの木を回して
裏面にする。

かきの木の動かし方②

かきの実ボード

カラーポリ袋で
作ったかきの実を
貼る

かきの木
（表面）

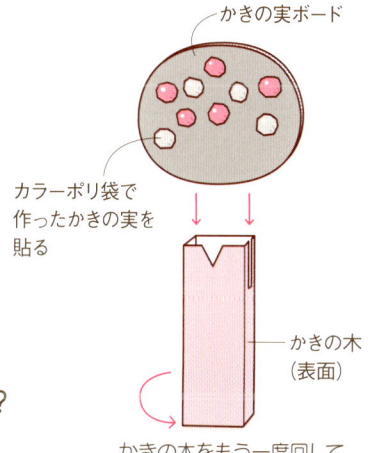

かきの木をもう一度回して、
かきの実ボードを挟みます。

| さる | よーし、わかった。任せとけ！ |

●さるは木のそばに行き、青いかきの実を手にとる。

| さる | 投げるぞー、それー！ |
| かに | わあ、かきだ！　ムシャムシャムシャ…。 |

●かにが「かきの歌」の1番をうたい踊る。

歌②　「かきの歌」1番

♪ペーペッペッペッペッ　ペーペッペッ
　かたい　にがい　たべられない
　くちが　まがるよ　あおいかき

| かに | まずいー！ |
| さる | （赤いかきの実を手に取り）おいらももらうよ、ムシャムシャムシャ…。 |

●さるが「かきの歌」の2番をうたい踊る。

歌②　「かきの歌」2番

♪ウーキッキッキッキッ　ウーキッキッ
　あまい　うまい　とまらない
　ほっぺが　おちるよ　あかいかき

| さる | おいしーい！ |

●さるはつぎつぎと赤いかきの実を食べる。

| かに | 青いかきはまずいよー。もっと赤いかきをとっておくれよ。 |
| さる | こんなにおいしいかきをやるものか！
青いかきでも食べていろ！ |

●さるは青いかきをかにに投げつけて、赤いかきを持って退場。Ⓑ

| かに | あいたたたー。さるさんひどいよ、ウェーンウェーン…。 |

●はちが登場。泣いているかにに気がつく。

| はち | ブーンブンブン、ブンブンブン。
かにさん、かにさん、どうしたの？ |

- かには、はちにわけを話すようなしぐさをする。

- かにの話を聞いて怒ったはちが、「いじわるゆるさないの歌」の1番を、うたい踊る。

歌③

「いじわるゆるさないの歌」1番

♪かにが　そだてた　かきのみを
　さるが　ぜんぶ　ひとりじめ
　そんな　いじわる　ゆるさない
　はちの　ちからを　みせてやる　オー！

- くりが登場。泣いているかにに気がつく。

くり

ゆっくりくりくり、くりびっくり！
かにさん、かにさん、どうしたの？

- かには、くりにわけを話すようなしぐさをする。 Ⓒ

- かにの話を聞いたくりも怒って、「いじわるゆるさないの歌」の2番を、うたい踊る。

歌③

「いじわるゆるさないの歌」2番

♪かにが　そだてた　かきのみを
　さるが　ぜんぶ　ひとりじめ
　そんな　いじわる　ゆるさない
　くりの　ちからを　みせてやる　オー！

- うすが登場。泣いているかにに気がつく。

うす

どっすん、ズンズン、うす、どっすん！
かにさん、かにさん、どうしたの？

- かには、うすにわけを話すようなしぐさをする。 Ⓓ

- かにの話を聞いたうすも怒り、「いじわるゆるさないの歌」の3番を、うたい踊る。

歌③

「いじわるゆるさないの歌」3番

♪かにが　そだてた　かきのみを
　さるが　ぜんぶ　ひとりじめ
　そんな　いじわる　ゆるさない
　うすの　ちからを　みせてやる　オー！

全員

みんなでさるのうちに行こう！　オー！

5歳児 ★さるとかに

●全員で行進しながら、舞台をひと回りして退場。

> はち、かに、くり、うすの順番で、舞台をひと回りして退場します。

第2幕

●舞台はさるの家。囲炉裏や水がめ、木①②を置く。

うす さるのうちに着いたぞ！

くり （囲炉裏を指さしながら）
囲炉裏の中に隠れてパチンと跳ねて
さるをびっくりさせてやろう！

はち （木①を指さしながら）
木の後ろに隠れて、ブーンチクンと刺してやろう！

かに （水がめを指さしながら）
水がめの中に隠れて、チョキンと切ってやろう！

うす （木②を指さしながら）
家の裏の木に隠れて、ドスンとおどかしてやろう！

●みんなが隠れたところで、さるが登場。かきの実ボードから外したかきの実をかごに入れて持って出てきて、舞台に置く。

さる うー、寒い寒い。囲炉裏の火に当たろう。

●囲炉裏のそばに来て、火に当たるように手をかざす。

くり （囲炉裏の後ろからくりが手を頭の上にかざして、勢いよく跳び出します❶）
パチパチ、パッチーン！

さる アチチチチー！　水、水、水で冷やそう！

●さるは水がめの所に行って、お尻をつけようとする。

かに （かにははさみを振りながら、水がめの後ろから出てきます❶）
チョキチョキ、チョッキーン！

さる 痛たたたー、切られるよ、逃げろー！

みんなの隠れ方

くり 囲炉裏の後ろにくりが隠れます。

はち 木①の後ろにはちが隠れます。

かに 水がめの後ろにかにが隠れます。

うす 木②の後ろにうすが隠れます。

|はち| (はちは針で刺すしぐさをしながら、木①の後ろから出てきます G)
ブーンブンブン、チックーン！

|さる| **痛たたたー、刺されたー！**

● さるは跳び上がって痛がり、逃げようとする。

|うす| **ドスン、ズンズン、待て待てー！**

● 木②の後ろから出てきたうすは、両手を広げてさるの前に立ちふさがり H、さるはうすにぶつかって後ずさりする。

|さる| **うわー‼**（床に倒れ込みます）

● かに、はち、くり、うすはさるを取り囲み、全員で「いじわるゆるさないの歌」の4番をうたい踊る。

|歌③| 「いじわるゆるさないの歌」4番
♪かにが　そだてた　かきのみを
　さるが　ぜんぶ　ひとりじめ
　そんな　いじわる　ゆるさない
　みんなの　ちからを　みせてやる　オー！

|さる| **ひとりじめしてごめんなさい。かにさんにかきを返します。**

● さるは、かごを持って来て、かににかきを返す。

|かに| **このかきは、みんなで食べよう！**

● かには、みんなにかきを配る。

|全員| **わーい！**
（かきを食べるまねをしながら）
おいしいね、あまいね…（口々に言います）

● 全員で「かきの歌」の3番をうたう。かきの実を手に持ち、食べるまねをしながら左右に揺れる。

|歌②| 「かきの歌」3番
♪みんなで　たべると　おいしいね
　あまい　うまい　とまらない
　ほっぺが　おちるよ　あかいかき

♪さるとかにの歌（歌①）　作詞・作曲／浅野ななみ

1. おおきいおおきい おむすびを　はやくたべよう うまそうだ　パクパクムシャムシャ たべちゃった パックーン
2. ちいさいちいさい かきのたね　はやくめをだせ えだのばせ　ださぬとはさみで ちょんぎるぞ チョッキーン
3. ちいさいちいさい かきのたね　はやくはをだせ みをつけろ　ださぬとはさみで ちょんぎるぞ チョッキーン

振り付け

1番

①♪おおきい…おむすびを 
おむすびを両手で持って、大きく左右に振ります。

②♪はやく…うまそうだ 
おむすびを胸の前で持ち、前後に動かします。

③♪パクパク…たべちゃった 
おむすびを食べるしぐさをします。

④♪パックーン 
おむすびを頭の上まであげます。

2番

①♪ちいさい…かきのたね 
かきの種を両手で持って、左右に振ります。

②♪はやく…えだ のばせ 
かきの種を上にあげてから下ろす動作を繰り返します。

③♪ださぬと はさみで 
かきの種をかきの木の幹の中に入れます。

④♪ちょんぎるぞ 
ひじを曲げて腕を立て、左右交互に上下に動かします。

⑤♪チョッキーン 
両腕を上にあげます。

※ **3番** は **2番** と同様にします。

♪かきの歌（歌②）　作詞・作曲／浅野ななみ

1. ペー ペッペッペッペッ ペー ペッペッ　かたいにがい たべられない　くちがまがるよ あおいかき
2. ウー キッキッキッキッ ウー キッキッ　あまいうまい とまらない　ほっぺがおちるよ あかいかき
3. みんな でたべる と おいしいね　あまいうまい とまらない　ほっぺがおちるよ あかいかき

振り付け

1番

①♪ペーペッ…ペッ ペーペッペッ 
両手で口を押さえてから広げるしぐさを2回。

②♪かたい にがい 
手をグーにして、左右交互に前に突き出します。

③♪たべられない 
グーにした手を下から上に回して、肩の高さでガッツポーズ。

④♪くちがまがるよ
③のポーズのまま、片足で左に3歩、右に3歩進みます。

1番
⑤♪あおいかき

2番
⑤♪あかいかき

両手で膝を3回たたき、「♪き」で立ち上がり、両手を横に開きます。

2番

①♪ウーキッ…キッ ウーキッキッ 
片手を頭の上に、片手はあごの下にしてさるのポーズ。

②♪あまい うまい 
両手で口を押さえます。

③♪とまらない 
口を押さえた手を離して、顔の横で広げます。

④♪ほっぺがおちるよ
頬を両手で軽くたたきます。

♪いじわるゆるさないの歌 (歌③) 作詞・作曲／浅野ななみ

5歳児 ★ さるとかに

1. かに　　　がそだてた　かきのみを
2. かに　　　がそだてた　かきのみを
3. かに　　　がそだてた　かきのみを
4. かに　が　そ　だ　て　た　か　き　の　み　を

さるがぜんぶひとりじめ　そんないじわる
さるがぜんぶひとりじめ　そんないじわる
さるがぜんぶひとりじめ　そんないじわる
さるがぜんぶひとりじめ　そんないじわる

ゆるさない　はちのちからを　みせてやる　オー！
ゆるさない　くりのちからを　みせてやる　オー！
ゆるさない　うすのちからを　みせてやる　オー！
ゆるさない　みんなのちからを　みせてやる　オー！

振り付け　1番

①♪かに…かきのみを 
手をたたきながら、足踏みをします。

②♪さるが 
両手をそろえて前に伸ばします。

③♪ぜんぶ 
②のポーズから手を握り、胸の前に引き寄せます。

④♪ひとりじめ
②③を繰り返します。

⑤♪そんないじわる 
腕組みをして足を開き、体を左右に揺らします。

⑥♪ゆるさない 
⑤のポーズのまま、その場でジャンプ。

⑦♪はちのちからを 
両手を上げてからガッツポーズ。

⑧♪みせてやる
⑦と同様にします。

⑨♪オー！
片手を上に突き上げます。

※ 2番～4番まで同じ振り付けになります。

劇 5歳児

王様の耳はろばの耳

イソップ物語として、おなじみのお話です。「隠しごとはよくない」「人に優しくすることは大切」をテーマに、「王様の耳はろばの耳」という、唱え言葉のおもしろさを味わいましょう。

案・脚本●犬飼聖二　イラスト●まつながあき

配役

衣装の作り方は6〜7ページ

- 大臣
- 兵士（①②）
- 王様
- ろばの耳
- とこやさんの3兄弟（①②③）
- 女の子（①②③）
- 子やぎ（2〜3名）
- 花（2〜3名）
- いぬ（2〜3名）

大道具・小道具

作り方は7ページ
※穴は、色画用紙などを丸く切ります。とこやさんの3兄弟役の子どもの人数に合わせて大きさを調整しましょう。

- 背景
- 宮殿
- 王様の椅子（裏）
- はさみ
- つぼ
- くし

第1幕

●女の子①②③の3人が楽しそうに下手から登場。中央に来て正面を向き、声をそろえて。

※上手…客席から見て右側、下手…客席から見て左側

女の子①②③　あー、おもしろかった！
子やぎたちと遊ぶのは本当に楽しいね。

女の子①　でも、きょうも王様に会えなくて、寂しいわ。

女の子②　王様がお城から出てこなくなって、もうなん日もたつね。

女の子③　病気かしら？　とっても心配。
そうだ！　王様のために、薬になる草を集めましょう。

女の子①②	そうしましょう。いっしょにお花も摘みましょう。

●女の子①②③は、下手に小走りで退場。

●大臣が上手からゆっくりと登場。中央に立つ。

大臣	困ったことだ。 わたしたちの王様が、太陽の神様をばかにして罰を受けてしまった。 本当に困った。どうしたものか…。

●王様が兵士2人を引き連れて、上手からさっそうと登場。椅子に座る。

●大臣は姿勢を正して、左胸に右手の手のひらを当てて挨拶。Ⓐ

大臣	おはようございます、王様。

●兵士2人もガッツポーズをしながら声をそろえて挨拶。

兵士①②	王様、ばんざい！
王様	おはよう。きょうもよい天気だ。 いつもなら町の人びとが挨拶に来る時間だが…。

●王様はだんだん悲しそうな顔に。

王様	誰にも会いたくない。
大臣	そんな顔をしないでください。わたしまで悲しくなります。
王様	仕方がない。こんな耳になってしまったのだから…。
大臣	(くちびるに人さし指を当て)シーッ！

●大臣、兵士に向かって。

大臣	おまえたちは下がってよい。
兵士①②	(ガッツポーズをしながら)王様、ばんざい！

●兵士は上手に退場。

王様	危なかった。秘密を知られるところだった…。
大臣	王様の耳がろばの耳になったことは、誰にも知られてはいけませんぞ。

5歳児

★ 王様の耳はろばの耳

●王様が悲しそうな表情で、冠をとって観客に耳を見せる。

王様 わたしのこんな耳を見たら、みんなはばかにして笑うにちがいない。
大臣、なにかよい知恵はないのか？

●大臣、しばらく考えるポーズ。

大臣 そうだ！　とこやの３兄弟です！
彼らは、いろいろな国を旅して、
たくさんの知恵をもっているはずです。

王様 よし、わかった。すぐに３兄弟を呼べ！

大臣 ははー。

●大臣は、王様に挨拶のポーズをしてから、下手に歩いて退場。

●王様は冠をかぶって椅子から立ち上がり、椅子の周りを大きくゆっくりと
　一周してから、力なく椅子に座り込む。

第2幕

●大臣はとこやさんの３兄弟を連れて、下手より登場。
　中央に来て、挨拶のポーズ。

大臣 王様、お待たせしました。

とこやさん①②③ 王様、はじめまして！　とこやの３兄弟でございます。

●とこやさんの３兄弟も、片膝をついて挨拶のポーズ。 ❸

王様 ３兄弟よ、どうかわたしの耳を治してほしい。頼むぞ。

とこやさん①②③ はい、わかりました。お任せください。

とこやさん① わたしたちは、世界中を回っていろいろな知恵を身につけました。

とこやさん② わたしのマッサージは、どんな痛みも治します。

とこやさん③ わたしは、よく効く薬を作ることができます。

大臣 では、王様の耳をよく見てみなさい。

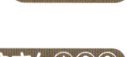

●とこやさんの3兄弟は、王様の前に立つ。
　大臣は王様の椅子の後ろに立ち、冠をとり、ろばの耳を出す。

（とこやさんの3兄弟はびっくりして❸）

とこやさん①②③　オーッ！

●とこやさんの3兄弟は、後ずさりしながら整列して、
　観客に向かって小声で話す。

とこやさん①②③　王様の耳はろばの耳〜…。

大臣　なにをしている。早く治してさしあげなさい。

とこやさん①②③　はい、わかりました。
おまかせください。

●とこやさん①は、王様のそばに行き、はさみとくしで髪を切り、
　耳を整えるしぐさをする。❹

とこやさん①　髪を短くして、耳の毛も短くします。
チョキチョキチョキ。ほ〜ら、少し耳が小さくなりました。

●とこやさん①は、もとの位置に戻る。

●とこやさん②が、王様のそばに行き、耳をマッサージする。

とこやさん②　モミモミキュッキュッ、モミモミキュッキュッ。
ほ〜ら、少し耳が小さくなりました。

●とこやさん②は、元の位置に戻る。

●とこやさん③が、王様のそばに行き、
　つぼに入っている薬をつけるしぐさをする。❺

とこやさん③　よく効く薬でございます。ほ〜ら、少し耳が小さくなりました。

●とこやさん③は、元の位置に戻る。

●王様は、耳を触り、怒った表情に。

王様　なにも変わっていないし、治っていない。
このうそつきめ！

●とこやさんの3兄弟は、3人で寄り添い、おびえるしぐさをする。

5歳児 ★ 王様の耳はろばの耳

とこやさん①②③	ごめんなさーい。お許しをー！
大臣	がっかりだが、仕方がない。 許してやるが、誰にも王様の耳のことを話してはいけない。 絶対に秘密だぞ。
王様	もし、誰かに話したら、命はないものと思え。

●王様と大臣は、上手に退場。

●とこやさんの3兄弟は、さらにおびえたしぐさをし、声をそろえて。

とこやさん①②③	命をとられてはたまらない。 でも、王様の耳がろばの耳だって、みんなに教えた〜い！
とこやさん①	秘密にするのはつらい。
とこやさん②	誰かに話したい。我慢できない！
とこやさん③	そうだ！ 穴を掘って、穴の中に向かって叫べば、 すっきりするかな？
とこやさん①②	それがいい。そうしよう。

●とこやさんの3兄弟は、輪になって穴を掘るしぐさをする。F

●とこやさんの3兄弟は、穴に向かって、声をそろえて言う。G

とこやさん①②③	王様の耳はろばの耳〜！ 王様の耳はろばの耳〜！
とこやさん①	あー、すっきりした。
とこやさん②	これでもう、誰かに話さなくても大丈夫。
とこやさん③	最高！ じゃあ、帰って仕事をしなくちゃ。

●とこやさんの3兄弟は、すっきりとした表情で、
　大きく手を振りながら下手に退場。H

第3幕

●女の子①②③と花が、下手から手をつないで登場。穴のあった辺りに来る。

女の子① 摘んできたお花は、このあたりに植えましょう。

女の子② ちょうどいい穴があるわ。ここにしましょう。

女の子③ お花さん、きれいに元気よく咲いてね！

●花を穴の所に座らせる。

女の子①②③ お水をくみに行きましょう。

●女の子①②③は、下手に退場。

●花は、正座して体を丸めている状態から、少しずつ上体を起こして膝立ちをし、手をつないで揺れながら小声でうたい始める。
声をそろえてうたったり、一人ずつうたったりする。

花 ♪王様の耳はろばの耳　※好きな節をつけてうたいましょう。

●上手から、いぬが手をつなぎ、走って登場。
「ワンワン、ワンワン」と舞台の上を走り回ってから、花のそばに行き、止まる。
花の歌に耳を傾け❶、いっしょにうたい始める。

いぬ ♪王様の耳はろばの耳

●上手から、兵士①②が登場。

兵士① なにごとだ、この騒ぎは。

兵士② お祭りでも始まったのか？

●女の子①②③と子やぎが、下手からそろって登場。

女の子①②③ なんて楽しい歌でしょう。お花といぬがうたっている。なんて不思議な言葉でしょう！

●子やぎは、「メーメー」と言いながら、スキップをし、花といぬの周りを回り、いっしょにうたいだす。

●女の子たちも楽しそうに花といぬに近寄り、いっしょにうたい始める。❶

5歳児 ★ 王様の耳はろばの耳

● そこへとこやさんの3兄弟が、下手から登場。びっくりした表情で、声をそろえて言う。

とこやさん①②③ たいへんなことになった。どうしよう！

第4幕

● 王様と大臣が、上手より登場。
　みんなの様子に恥ずかしがるしぐさをし、女の子たちに近づき話しかける。K

王様 どうしたことだ。わたしの耳の秘密をみんなが知っている。
とこやの3兄弟が話したのだな。恥ずかしくて、生きていられない。
もうわたしは終わりだ。

女の子①②③ そんなことはありません。
わたしたちは、王様のことが大好きです。

女の子① たとえ、お耳がろばみたいでも、王様が大好き！

女の子② だから、なにも隠すことはありません。

女の子③ 秘密にしなくてもいいんです。

大臣 王様は、こんなに町の人たちに好かれて、本当に幸せですね。

王様 ありがとう。よくわかった！　秘密にするのはとても苦しい。
だから、とこやの3兄弟のことは許してあげよう。
ろばの耳は、もう気にしないぞ！

● 王様は、冠をとる。

とこやさん①②③ 王様、ろばの耳はありません。治っています。

● 大臣と女の子たちは耳が治ったことを喜ぶ表情をする。L

大臣 優しい心になった王様を太陽の神様が許してくれたのでしょう。

女の子①②③ よかった、うれしい！

兵士①② 王様、ばんざい！　王様、ばんざい！

● いぬ・子やぎ・花たちは、みんなそれぞれにうれしそうに、鳴き、揺れる。

● 最後に、全員そろって整列し、フィナーレを飾る。

おしまい♪

オペレッタ 4歳児

かさじぞう

悪い人が登場しない、おだやかで優しい昔話です。あそび歌としても使える歌と振り付け、ユーモラスなおじぞうさんたちの動きを、楽しみながら演じましょう。

案・脚本●犬飼聖二　イラスト●北村友紀

配役
衣装の作り方は8〜9ページ

- おじぞうさん
- おじいさん 
- 村の子どもたち 
- おばあさん 

大道具 小道具
作り方は9ページ

- 背景　<第1幕>　<第2幕> 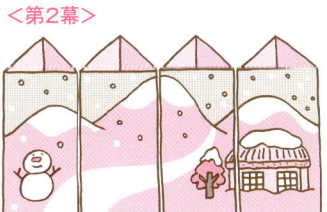　<第3幕> 
- 米俵 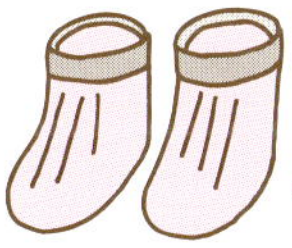
- わら靴 
- 笠 
- 宝箱 
- 野菜

第1幕

● 村の子どもたちは2組に分かれて両方の舞台袖から登場。
中央に整列して、「♪めでたい　おしょうがつ」の1番をうたう。

歌①

「めでたい　おしょうがつ」1番

♪おーさむ　こさむ　ゆきんこ　ちらちら
もちつき　ペッタンコ　おしょうがつ
たこあげ　はねつき　こまを　まわして
ジャンケンポン　かっても　まけても
めでたい　おしょうがつ

| 村の子どもたち | もうすぐお正月！ お正月は、楽しいね！
いっぱいいっぱい、遊ぼうよ！ |

- 2人組になって向かい合い、
「♪めでたい おしょうがつ」の1番をうたい踊る。

歌①

「めでたい おしょうがつ」1番

♪おーさむ こさむ ゆきんこ ちらちら
　もちつき ペッタンコ おしょうがつ
　たこあげ はねつき こまを まわして
　ジャンケンポン かっても まけても
　めでたい おしょうがつ

| 村の子どもたち | またあしたも、遊ぼうね！
また、あしたー！ |

- 子どもたちは手を振りながら、出て来た方の舞台袖へ小走りで退場。

- おじいさんとおばあさんは、ゆっくりと歩いて舞台上手※より登場し、
中央に立つ。

※上手…客席から見て右側、下手…客席から見て左側

おじいさん	村の子どもたちは、楽しそうだのう。
おばあさん	もうすぐお正月。うれしいんですよ。
おじいさん	わしらも、お正月の準備をしなくてはな。
おばあさん	お米も野菜も残りが少ないのです。どうしましょう？
おじいさん	大丈夫。わしが笠を作り、町で売ってこよう。
おばあさん	それはよいですね。お願いしますよ、おじいさん。

- おじいさん・おばあさんは左右に離れて座り、
おじいさんは笠を作るしぐさをし、
おばあさんは料理をするしぐさをする。Ⓐ

- 2人は、立ち上がって
「♪おじいさん・おばあさん」をうたい踊る。

| 歌② | 「おじいさん・おばあさん」1番・2番 |

1番

♪トントントン　おじいさん　すげがさ　つくる
　トントントン　おばあさん　だいこん　きざむ
　パチンと　やまぐり　はねて　とぶ　ホイ

2番

♪トントントン　おじいさん　たくさん　つくる
　トントントン　おばあさん　おかたを　たたく
　こねこは　いろりで　あくびする

●2番では、おばあさんはおじいさんの後ろに立って、リズムに合わせておじいさんの肩をたたく。

| おじいさん | よい気持ちじゃ。おかげで笠がたくさんできた。 |
| おばあさん | お疲れさまでした。夜も遅いし、もう寝ましょう。 |

●2人は眠るしぐさをする。Ⓑ

―――◆暗転―――

●おじいさんとおばあさんは立ち上がる。

| おじいさん | きょうは大晦日。笠をたくさん売ってきますよ。さあ、出かける支度をしよう。 |

●おじいさんは舞台上手に退場。わら靴をはいて笠をかぶり、手に笠を持って、その場で待つ。

| おばあさん | たくさん売れるとよいですね。 |

| 歌② | 「おじいさん・おばあさん」3番（おばあさんが1人でうたう） |

3番

♪ホイホイホイ　おじいさん　すげがさ　かつぐ
　ハイハイハイ　おばあさん　おみおくりする
　おそとは　ゆきんこ　まいおちる

●うたい終わったところで、おじいさんが上手より登場。

| おじいさん | では行ってきますよ（手を振りながら下手に退場）。 |
| おばあさん | 行ってらっしゃいな（手を振りながら見送り、上手に退場）。 |

4歳児　★かさじぞう

35

第2幕

● 舞台にはおじぞうさんが並び、おじいさんは下手より登場。

おじいさん　ずいぶん雪が降ってきたな。早く町に行かなくては。

● おじぞうさんの前で、立ち止まる。

おじいさん　おやおや！　おじぞうさんに雪が積もって寒そうじゃ。
なにかよい知恵はないものか…。
そうそう、よい物を持っていた。この笠をかぶっていただこう。

● おじいさんは「はい、おじぞうさん」と言いながら、
　つぎつぎにおじぞうさんに笠をかぶせていき、一つ足りないことに気づく。

〈舞台の配置〉

おじいさん　笠が一つ足りないのう…。
そうじゃ、わしの笠をかぶっていただこう。

● おじいさんは自分の笠を取り、おじぞうさんにかぶせ、
　手を合わせてから正面を向く。

おじいさん　お米や野菜は買えなくなったが、よいことをした。
なにもなくても、おばあさんといっしょなら、幸せなお正月。
さあ、帰ろう帰ろう。

● おじいさんは、ゆっくりと下手に退場。

おじぞうさん　（声をそろえて）優しいおじいさん、ありがとう！

おじぞうさん①②　大切な笠を、全部くださった。

おじぞうさん③④　自分の笠もくださった。

おじぞうさん⑤⑥　なんと、なんと、よい行いのおじいさん！

おじぞうさん　（声をそろえて）みんなでお礼に行きましょう！

● 「♪ドッコン　おじぞうさん」の歌をうたい踊りながら、下手に退場。

歌③　「ドッコン　おじぞうさん」1番

♪ ドッコンドンドコ　おじぞうさん　ドッコンドンドコ　あるきだす
　やさしい　こころに　たからを　はこぶ
　ドッコンドンドコ　つながって　ドッコンドンドコ　スットントン

第3幕

● おじぞうさんたちは「♪ドッコン　おじぞうさん」の歌をうたいながら、宝物を持ったり担いだりして上手より登場。Ⓒ　うたい終わったら、舞台中央に整列。

おじぞうさん	（声をそろえて）お米、野菜、宝物がいっぱい。 優しいおじいさんに差し上げよう。
おじぞうさん①②	ありがとう、おじいさん。

● 野菜を舞台の上手側に置く。

おじぞうさん③④	うれしかったよ、おじいさん。

● 米俵を舞台の上手側に置く。

おじぞうさん⑤⑥	お体を大切に。

● 宝の箱を舞台の上手側に置く。

おじぞうさん	（声をそろえて）おじいさん、おばあさん、元気で仲よく幸せに！ おやおやたいへん、家から誰か出てくるぞ。
おじぞうさん①②	おじいさんに見つかるよ。
おじぞうさん③④	戻れ戻れ！　じぞうに戻れ！

● おじぞうさんたちは、焦った様子で跳びはねながら舞台中央に整列し、動かなくなる。

● 舞台の下手からおじいさんが登場。

おじいさん	家の外が、あんまりにぎやかなので、出てきたが…

● 続いておばあさんも登場。おじいさんとおばあさんが出てきたら、おじぞうさんたちは整列して静止。Ⓓ

おばあさん	お正月のお祭りですかねえ？

● お米や野菜、宝物を見つける。

おじいさん	これはどうしたことだろう？ お米に野菜に宝物がいっぱい！

4歳児　★かさじぞう

おばあさん	（おじぞうさんたちを指さして） おやまー、おじぞうさんのお祭りですかねえ？
おじいさん	あそこに並んでいるのは、 わしが笠を差し上げたおじぞうさんたちじゃ。
おばあさん	笠のお礼に来てくれたのですよ！　ありがたいですねえ。

●舞台の上手・下手から、村の子どもたちが登場。

村の子どもたち	いったいなにが起こったの？
村の子どもたち	この宝物の山はどうしたの？
おじいさん・ おばあさん	（声をそろえて）笠のお礼に、おじぞうさんがくださったのじゃ。
村の子どもたち	よかったね、おじいさん。
村の子どもたち	うれしいね、おばあさん。
おじいさん・ おばあさん	（声をそろえて）お日様が出たら、お正月。 みんなで宝物を分け合って、 仲よく楽しく過ごしましょう。Ｅ
おじぞうさん	（声をそろえて）ドッコン、ドッコン、おめでたい！

●最後は全員が舞台に登場して、全員で「♪めでたい　おしょうがつ」の2番をうたう。Ｆ

歌①

「めでたい　おしょうがつ」2番

♪おーさむ　こさむ　ゆきんこ　ちらちら
　もちつき　ペッタンコ　おしょうがつ
　おじいさん　おばあさん　むらのこどもと　おじぞうさん
　みんな　しあわせ　うれしい　おしょうがつ

おしまい♪

♪めでたい おしょうがつ (歌①) 作詞・作曲／犬飼聖二

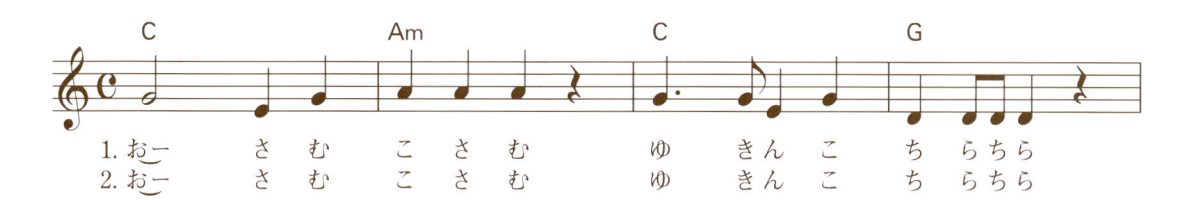

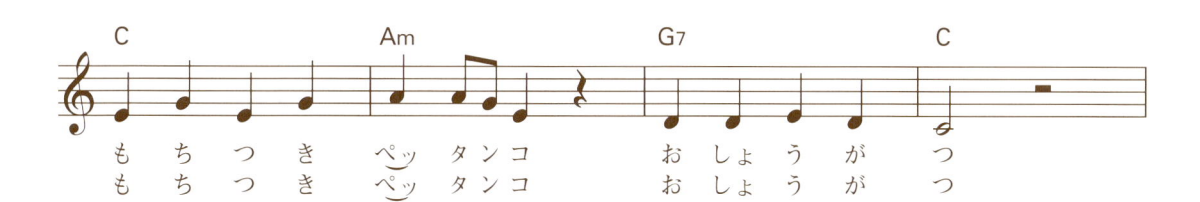

1. おー さむ こさむ ゆ きんこ ちらちら
   もち つき ペッタンコ おしょうがつ
   たこあげ はねつき こまをまわして ジャンケンポン
   かっても まけても めでたいおしょうがつ

2. おー さむ こさむ ゆ きんこ ちらちら
   もち つき ペッタンコ おしょうがつ
   おじいさん おばあさん むらのこどもと おじぞうさん
   みんな しあわせ うれしいおしょうがつ

4歳児 ★かさじぞう

振り付け

①♪おーさむ 2人で向かい合い、両手をつないで上下に振ります。

②♪こさむ つないだ手をクロスします。

③♪ゆき 手を1回たたきます。

④♪んこ お互いの左手を1回合わせます。

⑤♪ちらちら ③④を右手で繰り返します。

⑥♪もち 手を1回たたきます。

⑦♪つき お互いの両手を1回合わせます。

⑧♪ペッタンコ 手の指を組んでひっくり返し、お互いの手を合わせます。

⑨♪おしょうがつ ③④を繰り返します。

⑩♪たこあげ はねつき ③④を右手で繰り返します。

⑪♪こまを まわして 向かい合ったままかいぐりをします。

⑫♪ジャンケンポン じゃんけんを1回します。

⑬♪かっても まけても ③④を繰り返します。

⑭♪めでたい ③④を右手で繰り返します。

⑮♪おしょうがつ 向かい合って座り、膝に手を載せ、おじぎをします。

♪おじいさん・おばあさん（歌②）　作詞・作曲／犬飼聖二

1. トントントン　おじいさん　すげがさつくる　トントントン　おばあさん　だいこんきざむ　パチンと　やまぐりで　はねてとぶ　（ホイ）
2. トントントン　おじいさん　たくさんつくる　トントントン　おばあさん　おかたをたたく　こねこは　いろりで　あたたかい
3. ホイホイホイ　おじいさん　すげがさかつぐ　ハイハイハイ　おばあさん　おみおくり　むくる　おそとは　ゆきんこ　はまべすち　ぶる

振り付け　1番

① ♪トントントン 
両手をグーにして軽く打ち合わせます。

② ♪おじいさん 
両手をグーのまま顎の下にくっ付けます。

③ ♪すげがさつくる 
両手を頭の上に上げ、斜めに下ろして、笠を表します。

④ ♪トントントン
①同様にします。

⑤ ♪おばあさん 
両手の人さし指で、軽く頬に触れます。

⑥ ♪だいこん　きざむ 
左手の甲をまな板に、右手を包丁にして切るまねをします。

⑦ ♪パチンと 
両手を開いて前にパッと出します。

⑧ ♪やまぐり 
腕の前で小さなくりを作ります。

⑨ ♪はねて　とぶ 
腕の前で手をクロスします。

⑩ ♪ホイ
③、⑥、⑦の好きなポーズをします。
※2番、3番は、1番の振り付けを参考に考えてみてもよいでしょう。

♪ドッコン　おじぞうさん（歌③）　作詞・作曲／犬飼聖二

ドッコン　ドンドコ　おじぞうさん　ドッコン　ドンドコ　あるきだす　やさしい　こころに
たからをはこぶ　ドッコン　ドンドコ　つながって　ドッコン　ドンドコ　スットントン

振り付け

① ♪ドッコン 
両手を前に出し、両足をそろえて1歩前にピョンとジャンプ。

② ♪ドンドコ 
①のポーズのまま、1歩後ろにピョンとジャンプ。

③ ♪おじぞうさん 
②のポーズのまま、3歩前にジャンプ。

④ ♪ドッコン　ドンドコあるきだす
①②③を繰り返します。

⑤ ♪やさしい 
両手を前に伸ばしたまま、右・左の順に、足を斜め前にけり出します。

⑥ ♪こころに　たからを　はこぶ
⑤を3回繰り返します。

⑦ ♪ドッコン…スットントン 
①〜④と同様に2回繰り返します。前の人の肩に手を置いて、つながって踊っても楽しめます。

劇 4歳児

3びきのこぶた

子どもたちになじみ深いお話を楽しくアレンジしました。悪役のおおかみと仲直りする最後の場面が見どころ。おおかみをダブルキャストにすると、ますますにぎやかな舞台になりそうですね。

案・脚本●あかまあきこ　イラスト●坂本直子

配役
ナレーター

衣装の作り方は10～11ページ

- こぶた①
- こぶた②
- こぶた③
- おおかみ
- （農家の人風に）わらを持った人
- （きこりさん風に）木の板を持った人
- （大工さん風に）れんがを持った人

大道具・小道具
作り方は11ページ

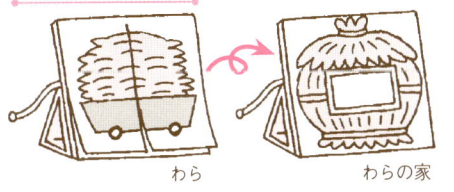

- わら・わらの家
- 木・木の家
- れんが・れんがの家

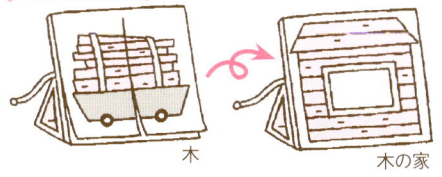

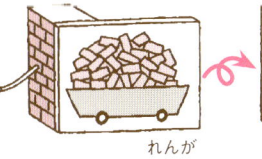

第1幕

ナレーター　昔、あるところに、3びきのこぶたがお母さんぶたと仲よく暮らしていました。こぶたたちは大きくなったので、自分でおうちを建てて暮らすことになりました。

● （ナレーション中に）上手からこぶた①②③が元気よく登場。

こぶた①　（ガッツポーズをします Ⓐ）
ようし、がんばるぞ！

Ⓐ がんばるぞ！

こぶた②	（人さし指を立てて首をかしげます⑥） どんなおうちにしようかな？
こぶた③	（両手を大きく回します⑥） わくわくするね！
こぶた①②③	さあ、レッツゴー！

● こぶた①②③は手を振りながら上手と下手に退場。

● こぶた①が、退場した側から登場。
　楽しそうに舞台をひと回り歩く（スキップをしても）。

こぶた①	どんなおうちにしようかな？

● 大道具のわらを引きながら、わらを持った人が上手から登場。⑩
　舞台中央で止まり、ひと休み。
　こぶた①は、わらを持った人に近寄って。

こぶた①	こんにちは。
わらを持った人	こんにちは。
こぶた①	そのわらをぼく（わたし）にくれませんか？
わらを持った人	いいとも。でも、このわらでなにをするんだい？
こぶた①	ぼく（わたし）のおうちを作るんです。
わらを持った人	そうかい。いいよ、あげましょう。 がんばって作るんだよ。
こぶた①	ありがとう。

● わらを持った人は、わらを置いて下手に退場。

こぶた①	さあ、おうちを作ろう！ （動きながら）よいしょ、よいしょ！

● こぶた①は、わらの絵のしかけをめくって、わらの家を出す。⑥

こぶた①	わーい、すてきなわらのおうちができたぞ！ さあ、中に入ろう。

※上手…客席から見て右側、下手…客席から見て左側

- ●こぶた①は、家の後ろ側に移動。F

- ●おおかみが上手から登場。
　腕を大きく振り、大またで、威張った感じでゆっくり歩く。

| おおかみ | くんくん、くんくん。
うまそうなこぶたのにおいがするぞ。|

- ●おおかみは仁王立ちをして、左右に顔を振り、
　においをかぐ動作をしながら、わらの家に近寄る。

| おおかみ | トントン、トントン。 |

- ●おおかみは戸をたたくしぐさをする。
- ●こぶた①は窓から顔を出す。　G

| こぶた① | はーい、誰ですか？ |

| おおかみ | おれは、腹ペコおおかみだ。
お前をパクリと食べてやる。
さあ、ドアを開けろ！ |

| こぶた① | だめだめ。中には入れないよ。 |

| おおかみ | それなら、家を吹き飛ばしてやる。
ふうふうの、ふうー!! |

- ●おおかみはわらの家を吹き飛ばそうと口で吹くしぐさをしながら、
　わらの家を押して下手に退場。H

| こぶた① | 助けてー！ |

- ●こぶた①は、上手へ逃げる。I

| ナレーター | こぶたさんは、やっとのことで逃げ出しました。 |

- ●こぶた②が、退場した側から登場。
　楽しそうに舞台をひと回り歩く（スキップをしても）。

| こぶた② | どんなおうちにしようかな？ |

4歳児 ★ 3びきのこぶた

- 大道具の木を引きながら、木の板を持った人が上手から登場。
  舞台中央で止まり、ひと休み。
  こぶた②は、木の板を持った人に近寄って声をかける。J

こぶた② こんにちは。

木の板を持った人 こんにちは。

こぶた② その木の板をわたし（ぼく）にくれませんか？

木の板を持った人 いいとも。
でも、この木の板でなにをするんだい？

こぶた② わたし（ぼく）のおうちを作るんです。

木の板を持った人 そうかい。いいよ、あげましょう。
がんばって作るんだよ。

こぶた② ありがとう。

- 木の板を持った人は、木の板を置いて下手に退場。

こぶた② さあ、おうちを作ろう！
よいしょ、よいしょ、よっこらしょ。

- こぶた②は、木の絵のしかけをめくって、
  木の家を出す。K

こぶた② わーい、すてきな木のおうちができたぞ！
さあ、中に入ろう。

- こぶた②は、家の後ろ側に移動。
- おおかみが下手から登場。

おおかみ くんくん、くんくん。
また、うまそうなこぶたのにおいがするぞ。

- おおかみは木の家に近寄る。

おおかみ トントン、トントン。

- おおかみは戸をたたくしぐさをする。L
- こぶた②は窓から顔を出す。

こぶた②	はーい、誰ですか？
おおかみ	おれは、腹ペコおおかみだ。 お前をパクリと食べてやる。 さあ、ドアを開けろ！
こぶた②	だめだめ。中には入れないよ。

　●おおかみは怒ったように足を踏み鳴らし、
　　こぶた②は窓から顔を出して嫌がるしぐさをする。Ⓜ

おおかみ	それなら、家を吹き飛ばしてやる。 ふうふうふうの、ふうー！！

　●おおかみは、木の家を吹き飛ばそうと
　　口で吹くしぐさをしながら、
　　木の家を押して上手に退場。Ⓝ

こぶた②	助けてー！

　●こぶた②は、下手へ走って逃げる。Ⓞ

ナレーター	こぶたさんは、やっとのことで逃げ出しました。

第2幕

● こぶた③が、退場した側から登場。
　楽しそうに舞台をひと回り歩く（スキップをしても）。

こぶた③　どんなおうちにしようかな？

● 大道具のれんがを引きながら、れんがを持った人が上手から登場。
　舞台中央で止まり、ひと休み。
　こぶた③は、れんがを持った人に近寄って声をかける。P

こぶた③　こんにちは。

れんがを持った人　こんにちは。

こぶた③　そのれんがをぼく（わたし）にくれませんか？

れんがを持った人　いいとも。でも、このれんがでなにをするんだい？

こぶた③　ぼく（わたし）のおうちを作るんです。

れんがを持った人　そうかい。いいよ、あげましょう。
　がんばって作るんだよ。

こぶた③　ありがとう。

● れんがを持った人は、れんがを置いて下手に退場。

こぶた③　さあ、おうちを作ろう！　よいしょ、よいしょ。
　うんとこしょ、どっこいしょ、どっこいしょ。

● こぶた③は、れんがの絵を回して、れんがの家を出す
　（回しづらい場合は保育者が裏側からサポートします）。Q

こぶた③　わーい、すてきなれんがのおうちができたぞ！

● こぶた①②が、慌てた様子で登場。

（れんがの家の前に立っているこぶた③の所へ。
　上手下手それぞれからこぶた①②が走ってきます。R）

こぶた①②　助けてー、助けてー！

こぶた③　どうしたの？

こぶた①	おおかみがやって来て、ぼく（わたし）のわらのおうちを吹き飛ばしたんだ。
こぶた②	わたし（ぼく）の木のおうちも吹き飛ばしたんだ。
こぶた③	それはたいへんだ。みんなでぼく（わたし）のおうちに入ろう。

- こぶた①②③は、れんがの家の中でしゃがむ。

- おおかみは上手から登場。

おおかみ	くんくん、くんくん。 また、うまそうなこぶたのにおいがするぞ。

- おおかみは、れんがの家の煙突側に近寄る。

トントン、トントン。

- おおかみは戸をたたくしぐさをする。S

- こぶた①②③は、おおかみの方に顔を向けて。

こぶた③	はーい、誰ですか？
おおかみ	おれは、腹ペコおおかみだ。 お前をパクリと食べてやる。 さあ、ドアを開けろ！
こぶた③	だめだめ。中には入れないよ。
おおかみ	それなら家を吹き飛ばしてやる。 ふうふうふうの、ふうのふうのふうー！

- 少し間をおいて。
  腕を組んだり、首をかしげたりしながら。T

おおかみ	あれ、おかしいな。 （アイデアを思いついたという様子で手を打って見せます。U） よしっ！　それなら煙突から入ってやるぞ。

- おおかみはその場で足踏みをして、
  こぶたたちは家の中を慌てて動き回るしぐさをします。V

こぶた①	たいへんだ。おおかみが煙突から入ってくるよ。

4歳児

★ 3びきのこぶた

こぶた②	どうしよう。
こぶた③	そうだ、火をたいてお鍋でお湯を沸かすんだ。

●こぶた③は、暖炉の中にある鍋の絵を見えるように立てる。

おおかみ	1、2の、3！

●おおかみは、鍋の前にジャンプ。

おおかみ	あちちちちー！　あっち～ わあ、助けてくれー。

●おおかみは、両手足を振りながらジタバタするしぐさをする。

こぶた③	もう、意地悪をしない？
おおかみ	もうしないよ。ごめんなさい。
こぶた③	それなら助けてあげるよ。

●こぶた①②③がおおかみを囲みながら、舞台の中央に出る。おおかみは、泣きべそのポーズで。

こぶた①②③	これからは仲よくしようね。
おおかみ	うん。仲よしってうれしいな。

●こぶた①②③とおおかみは、手をつないで横1列になり、手を前後に振りながら言う。

こぶた①②③ おおかみ	仲よし、仲よし、うれしいな。 みんなで、仲よし、うれしいな。

●全員登場。みんなで手をつなぎ、つないだ手を前後に振り、体を左右に揺らす。

全員	仲よし、仲よし、うれしいな。 みんなで、仲よし、うれしいな。
ナレーター	みんな仲よしになれました。よかったですね。

●全員で手をつなぎ、つないだ手を一度上に上げ、下ろしながらおじぎをする。

おしまい

こびとのくつや

劇 3歳児

かわいいこびとが登場するお話です。クラスの人数に合わせて、こびとの人数を増やし、にぎやかな舞台にしても盛り上がるでしょう。小道具の靴を子どもたちといっしょに作っても楽しいです。

案・脚本●山本省三　イラスト●ユカリンゴ

配役
衣装の作り方は12〜13ページ

- ナレーター
- 黒子（保育者）
- おじいさん
- おばあさん
- お客①
- こびと①
- こびと②
- お客②
- こびと③
- こびと④

大道具・小道具
作り方は13ページ

- 窓（朝・昼／夜／飾り付き）
- 靴の皮（2枚）
- 針（1本）
- 金貨
- 金づち（大・小）
- はさみ（1個）
- ケーキ
- テーブル
- 靴（5足程度）

バリエーション
こびとのベストをもっと華やかに！

カラーテープやモールなどを使って、ひと手間を加えると子どもたちも大喜びです。

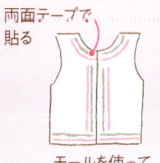

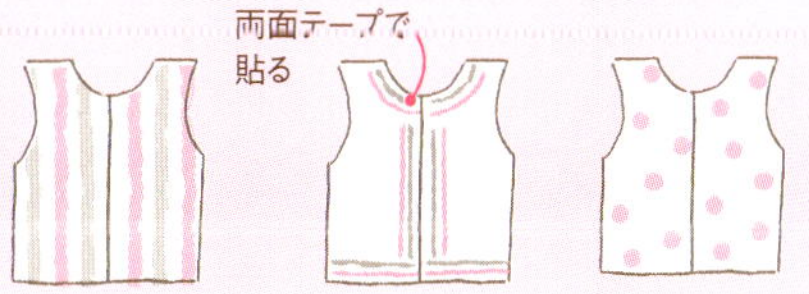

- カラーテープでストライプ柄に
- モールを使ってふかふかに（両面テープで貼る）
- 丸シールで水玉模様に
- ベスト（4枚）

| ナレーター | むかしむかし、仲のよいおじいさんとおばあさんが、靴やさんを開いていました。でも、働いても働いても、貧乏でした。 |

<セッティング>

●おじいさんとおばあさんが登場。テーブルを囲んで立ち、おばあさんは手に靴の皮を持っている。　Ⓐ

窓を夜の状態にして貼っておく。

| おばあさん | おじいさん、靴の皮が、あと1足分だけしかありません。 |
| おじいさん | （腕を組みながら困っているしぐさをして）困ったなあ…。 |

小道具の靴を中に隠しておく。

| おばあさん | 今夜は寝て、あした、考えましょう。 |

●テーブルに靴の皮を置いて、おじいさんとおばあさんはうなだれながら、下手に退場。Ⓑ

| 黒子 | 窓の上部を動かして朝にします。テーブルの上の靴の皮を片づけて、靴を置きます。 |
| ナレーター | コケコッコー！　朝になりました。 |

●おばあさんは、下手から背伸びをしながら登場。

●テーブルの上の靴を見て驚く。

| おばあさん | （驚いているしぐさをしながら）あら、おじいさん、来てください。 |

Ⓒ

●おじいさんも、下手からあくびをしながら登場。

| おじいさん | あれ、靴ができている！どうしてだろう？ |

●お客①が上手から登場し、ドアをノックするしぐさをする。

| お客① | トントン。すてきな靴ですね。その靴をください。 |
| おばあさん | あら、もう売れましたよ、おじいさん。 |

※上手…客席から見て右側、下手…客席から見て左側

おじいさん	わあ、びっくりだなあ。
お客①	はい金貨です。 お釣りはいりません。
おじいさん・ おばあさん	ありがとうございます。

●お客①は、金貨を1枚おばあさんに渡して、靴を持って退場。Ⓓ

●おじいさんとおばあさんは、金貨を掲げて眺めながら。

おばあさん	おじいさん、不思議ですねえ。
おじいさん	これで、靴の皮を2足分買えるぞ。 さっそく、買ってこよう。

●おじいさんは、金貨を持って上手に退場し、おばあさんは手を振って見送る。Ⓔ

●おじいさんは、2足分の靴の皮を持って、上手から登場。Ⓕ

おじいさん	ただいま。買って来たよ。
おばあさん	おじいさん、その皮を夕べのようにテーブルに置いておきましょうよ。
おじいさん	それで隠れて見ていよう。

●おじいさんは靴の皮をテーブルに置き、おばあさんといっしょに舞台下手の袖から顔だけ出して隠れ、そっとのぞくしぐさをする。

黒子	窓を動かして夜に戻します。
ナレーター	真夜中になりました。

●おじいさんとおばあさんは、耳に手を当てる。Ⓖ
　上手の舞台袖からこびとたちが「ランランランラン…」と声を出す。

おばあさん	おじいさん。声がしますよ。
おじいさん	ほんとうだ。

3歳児 ★ こびとのくつや

●こびとたちは、手にはさみや針、金づちなどを持って、スキップしながら上手から登場。H

こびと①	ほら、また靴の皮があるよ。
こびと②	よし、靴を作ろう。
こびと③	そうしよう、そうしよう。
こびと④	ランランラン、そら始めよう。

●おじいさんとおばあさんは、舞台の袖に隠れながらびっくりした顔でのぞく。こびとたちは、それぞれの道具を手に掲げ、テーブルの周りを踊って回り、靴を作り始める。I

※「こびとたちのダンス」参照

こびとたちのダンス

こびと①
ランランラン → チョキチョキチョキ！

はさみを持ったこびと①は、両手を上げて左右に振ります。

頭の上で3回手をたたきます。

こびと②
ランランラン → チクチクチク！

針を持ったこびと②は、両手を上げて左右に振ります。

両手を合わせ、斜めに3回突き出します。

こびと③
ランランラン → ポンポンポン！

小さな金づちを持ったこびと③は、両手を上げて左右に振ります。

小さな金づちを頭上で軽く振ります。

こびと④
ランランラン → トントントン！

大きな金づちを持ったこびと④は、両手を上げて左右に振ります。

大きな金づちを持ったまま、両手をグーの形にして軽く3回たたきます。

こびと①	ランランラン、チョキチョキチョキ！
こびと②	ランランラン、チクチクチク！
こびと③	ランランラン、ポンポンポン！
こびと④	ランランラン、トントントン！

●こびとたちは、靴の皮をテーブルの下にしまい、靴を2足出す。

こびとたち	はーい、できあがり！ さあ、帰ろうよ！

●こびとたちは上手に退場。Ｊ
　おじいさんとおばあさんも退場。

黒子	窓の上部を動かして朝にします。
ナレーター	コケコッコー、朝になりました。

●おじいさんとおばあさんは、舞台下手から中央に出る。

おばあさん	おじいさん、びっくりしましたね。
おじいさん	こびとたちが作ってくれていたんだね。

●上手からお客②が登場し、ノックするしぐさをする。

お客②	トントン、こんにちは。 まあ、なんてすばらしい靴でしょう。 両方くださいな。

●お客②は、金貨をおばあさんに5枚渡して、靴を2足持って退場。Ｋ

おじいさん・ おばあさん	ありがとうございます。

●金貨を手に、おじいさんとおばあさんは向かい合う。

おじいさん	今度もすぐに売れたよ。
おばあさん	こびとさんたちにお礼をしましょう。

3歳児 ★ こびとのくつや

おじいさん	（「アイデアを思いついた！」という様子で人さし指を立てます。Ⓛ） そうだ、皮の切れ端でベストを作ろう。
おばあさん	じゃあ、わたしはケーキを焼くわ。 さあ、買い物に行きましょう。

● おじいさんとおばあさんは舞台上手に退場。

黒子	窓を夜にします。
ナレーター	夜になりました。

● ベストとケーキを持って、おじいさんとおばあさんが登場。
　ベストとケーキをテーブルに置く。Ⓜ

おばあさん	さあ、ケーキをテーブルに置いて、隠れましょう。
おじいさん	ベストも、そばに置いておこう。

● 2人は、舞台下手の袖に隠れる。

● こびとたちが登場し、テーブルの周りに集まります。
　おじいさんとおばあさんは、舞台の袖から顔だけのぞかせて、
　ニコニコと見ている。

こびと③	わあ、おいしそうなケーキがあるよ。
こびと①	ほら、ベストもあるよ。
こびと②	着てみようよ。

● テーブルの上にあるベストをお互いに着せ合う。Ⓝ

| こびと④ | みんな、似合っているよ！ |

| こびとたち | じゃあ、ケーキを囲んでパーティーだ！
ランランラン、ぱくぱくぱく、ごっくん　おいしいな。
ランランラン、おしゃれなベスト、うれしいな。
うきうきパーティー、楽しいな。 |

- こびとたちは、両手を上げて振りながらテーブルの周りを回る。
  ときどきケーキに手を伸ばし、食べるしぐさをする。

- ケーキを持って、こびとたちは上手へ退場。
  おじいさんとおばあさんが中央に出てきて。

| おばあさん | こびとさんたち、
喜んでくれてよかったですね。 |

| おじいさん | そうだなあ。
よかったなあ。 |

- おじいさんとおばあさんは、舞台下手に退場。

| 黒子 | 窓を飾り付きにします。 |

- おじいさんとおばあさんが登場。
  テーブルの下に隠してある靴を順番に出し、楽しそうな表情でテーブルの上に並べる。

- お客①、②も、紙吹雪を手に持って登場し、
  舞台中央でまく。
  おじいさん、おばあさんといっしょに、楽しそうに話しているしぐさをする。

| ナレーター | それっきり、こびとさんたちは現れなくなりましたが、靴を買うためにお客さんがいっぱい来るようになりました。
おかげで、おじいさんとおばあさんは、楽しく幸せに暮らしました。 |

オペレッタ 3歳児

おむすびころりん

おなじみの昔話をみんなで盛り上がれる劇にアレンジ。ダブルキャストやトリプルキャストにすれば、全員参加できます。子どもならではのかわいい動きを発揮してもらいましょう。

案・脚本●山本和子　イラスト●加藤直美

配役　ナレーター
衣装の作り方は14～15ページ

- おじいさん
- おばあさん
- おむすび
- ねずみ
- 村の子どもたち
- 黒子
- ねこ

大道具・小道具
作り方は14～15ページ

- 山
- 岩
- おむすび・お弁当
- 穴の入り口
- きのこ
- 宝箱
- かご
- ごちそう（ケーキ、紅白のもち、ちらしずし、肉、魚、オムライス）

第1幕

● おじいさんとおばあさんが下手から舞台に登場。

ナレーター　むかしむかし、あるところに、優しいおじいさんとおばあさんが、仲よく暮らしていました。

おじいさん　おばあさんや、山にきのことりに行ってくるよ。

おばあさん　はい、お弁当を持って行ってくださいね。

※上手…客席から見て右側、下手…客席から見て左側

おじいさん	ありがとう。
おばあさん	行ってらっしゃい！

- おばあさんは、おじいさんにお弁当を渡して、手を振って見送り、おじいさんはお弁当の包みをかごに入れて、手を振る。

- おばあさんは下手に退場。
  おじいさんがゆっくりと舞台を1周して歩いてきたところへ、村の子どもたちが登場。

ナレーター	途中の道では、村の子どもたちが遊んでいました。
子どもたち	おじいさん、どこへ行くの？
おじいさん	山にきのことりに行くんだよ。
子どもたち	気をつけて、行ってらっしゃい！
おじいさん	ありがとう。

- 子どもたちは手を振りながら、上手に退場。
  山と岩、穴の入り口、きのこを舞台に置く。
  山の後ろには、おむすび役の子どもが隠れる。

＜舞台の配置＞

ナレーター	山に着いたおじいさんは、きのこをいっぱいとりました。

- おじいさんは、きのこをとってかごに入れる。

おじいさん	おなかがすいたなあ。お弁当を食べよう。

- おじいさんは岩に腰かけて、お弁当の包みを開き、おむすびを手に持つ。

ナレーター	おじいさんがおむすびを食べようとすると、手からおむすびが、ころりん！

- おじいさんは、おむすびを山の後ろにぽいっと投げ入れ、それを合図におむすび役の子どもが山の後ろから転がり出てくる。Ⓐ

おむすび	ころりん　ころりん　ころりん

3歳児 ★ おむすびころりん

| おむすび役の子は、転がりながら、穴の中へ。
そのあとをおじいさんが追いかけて行く。

おじいさん おむすび、待て待て！

● おむすび役の子どもは穴の入り口を通って、裏側から出る。
　そのまま下手に退場。Ⓑ

おじいさん しまった、おむすびが穴に落ちてしまったぞ。

● おじいさんは穴の入り口から中をのぞくしぐさをし、
　下手の舞台の袖では、ねずみたちがうたい出す。

ねずみたち ♪おむすびころりん　すっとんとん
　　　　　　おむすびころりん　すっとんとん

おじいさん あれ、歌が聞こえるぞ。

ナレーター 不思議に思ったおじいさんは、穴に帽子を落としてみました。

● 帽子を穴に投げ入れたおじいさんは、
　そのまま耳を傾けるポーズ。
　おむすび役の子は、帽子を受け取り運ぶ黒子の役になる。Ⓒ

ねずみたち ♪ぼうしころりん　すっとんとん
　　　　　　ぼうしころりん　すっとんとん

ナレーター おじいさんは、今度は着物を落としてみることにしました。

● 着物を穴に投げ入れたおじいさんは、
　そのまま耳を傾けて歌を聴いているポーズ。
　黒子が着物を受け取る。

ねずみたち ♪きものころりん　すっとんとん
　　　　　　きものころりん　すっとんとん

ナレーター おじいさんはとうとう、自分が穴に入ってみることにしました。

● おじいさんは、穴に飛び込んでそのまま下手に退場。

第2幕

	●ねずみたちが下手から出てきて、うたい踊る。
ねずみたち	♪おむすびころりん　すっとんとん 　ねこは　いやだよ　すっとんとん 　おむすびころりん　すっとんとん 　ねこは　いやだよ　すっとんとん
	●穴の入り口を逆に置いて、穴に飛び込んだ状態にする。 　おじいさんは転がるように舞台に登場。Ⓓ 　ねずみたちはびっくりしながら、うたい踊る。
ナレーター	そこへ、おじいさんが転がってきたので、 ねずみたちはびっくりした様子。
ねずみたち	♪おじいさんころりん　すっとんとん 　おじいさんころりん　すっとんとん
おじいさん	これは、ねずみさんたち、こんにちは。
ねずみたち	おじいさん、こんにちは！
おじいさん	ねずみさんたち、ここにおむすびが転がって こなかったかね？
	●ねずみたちは、しょんぼりとおじぎをする。
ねずみたち	ごめんなさい。みんなで食べてしまいました。
ナレーター	でも、おじいさんは、ねずみたちに、 にっこりと笑いかけます。
おじいさん	いいよ、いいよ。おむすびはおいしかったかい？
ねずみたち	おいしかったです、ごちそうさま！
おじいさん	それはよかった、よかった！
ナレーター	そのとき、ねこたちが穴の外にやって来ました。
ねこたち	ニャア、ニャア、よいにおいがするぞ。

3歳児 ★ おむすびころりん

| ねずみたち | キャー、ねこだ、怖いよ！ |

●ねこたちは、穴の入り口から中をのぞいたり、
　穴の入り口を引っかいたりする。
　ねずみたちは、おじいさんの後ろに集まって、
　縮こまっている。
　おじいさんは、大きな叫び声で追い払おうとする。Ⓔ

| おじいさん | みんな、勇気を出していっしょに言おう。
ここは、おにの穴だぞ　ウォ！
ここは、おにの穴だぞ　ウォ！ |

●おじいさんについて、ねずみたちも腕を振り上げながら叫ぶ。

| ねずみたち | ここは、おにの穴だぞ　ウォ！
ここは、おにの穴だぞ　ウォ！ |

| ねこたち | キャー、おにの穴だって!?
こりゃあ、たいへん、逃げろ、逃げろ！ |

●ねこたちが逃げていく。

| ねずみたち | おじいさん、ありがとう。 |

| おじいさん | いやいや、みんなで力を合わせたからじゃ。 |

| ねずみたち | おむすびと、ねこを追い払ってくれたお礼に、
ごちそうしましょう。
宝物もあげましょう。 |

●ねずみたちは、おじいさんへのお礼にと、舞台の袖から
　いろいろなごちそうや宝箱を運ぶ。Ⓕ

| おじいさん | ねずみさんたち、ありがとう。
でも、おばあさんや村の子どもたちにも、
このごちそうを分けてあげたいなあ。 |

| ねずみたち | わかりました！ |

| ナレーター | ねずみたちは、ごちそうを村に運んでくれました。
おばあさんも、村の子どもたちも大喜びです。 |

●穴などのセットをさっと片づけて、舞台に全員が登場。
　ごちそうや宝箱を渡すなどの動きをする。

ナレーター　ねずみたちからもらった宝物で、おじいさんとおばあさんは、ずっと幸せに暮らしました。

★フィナーレに、みんな舞台に出て、「おむすびころりん」の歌を全員でうたい踊る。G

全員
♪おむすびころりん　すっとんとん
　ねこともなかよく　すっとんとん
　おむすびころりん　すっとんとん
　ねこともなかよく　すっとんとん

★みんなで手をつないで、上に上げてから、おじぎをする。

♪おむすびころりん　作詞・作曲／山本和子

1. おむすび　ころりん　すっとん　とん　ねこは　いやだよ　すっとん　とん
2. おむすび　ころりん　すっとん　とん　ねことも　なかよく　すっとん　とん

振り付け

①♪おむすび 
両手を上げておむすびの形を作り、両足をそろえて、右に曲げます。

②♪ころりん 
①と同じ動作を左側で行います。

③♪すっとん 
胸の前でかいぐりします。

④♪とん 
両手を合わせて1回たたきます。

⑤♪ねこは 
手のひらを見せながら顔の横に広げて、ねこのひげを表現。足は広げて屈伸します。

⑥♪いやだよ
⑤と同様にします。

⑦♪すっとんとん
③④を繰り返します。

3歳児　★おむすびころりん

おしまい♪

発表会のポイント

劇・オペレッタ編

作品選びや配役決めなど、発表会に向けての準備で保育者は大忙し！ 子どもたちとスムーズに楽しく当日を迎えるためのアイデアをご紹介します。

文●ポット編集部　イラスト●ユカリンゴ

導入は絵本の読み聞かせで

練習を始める前に、絵本の読み聞かせをして感想を話し合い、お話に親しみをもつとよいでしょう。登場人物のイメージを膨らませたり、夢のあるお話の世界に浸ったりして楽しい時間を過ごすと、練習にスムーズに入れます。

子どもたちといっしょに道具作り

衣装や大道具など大がかりな製作物以外は、子どもたちといっしょに作るのもおすすめです。例えば『こびとのくつや』なら、「こびとさんはどんな靴を作るかな？」「みんなはどんな靴が欲しい？」などと話しながら小道具の靴を作ると、盛り上がるでしょう。

劇全体のイメージをつかんでから配役

配役決めのポイントは、子どもがなりたい役が基本。ですが、役が重なるなど全員が希望の役につけないこともあります。まずは、劇全体のイメージをつかませてから配役決めを行いましょう。人気のない役も、保育者が演じてみることで興味をもつ子がいるかもしれません。

メリハリをつけて楽しい演出に

始めから終わりまで、せりふを言い合うだけのお芝居の繰り返しでは、舞台は華やかになりません。ところどころに、リズミカルな歌や、楽しい振り付けの踊りを織り交ぜると、劇全体にメリハリがついて、テンポよく進めることができます。

保育者もいっしょに楽しもう

舞台が始まったら、セットの配置替えや大道具の設置などは、黒子の役目。通常は保育者が担当しますが、黒い衣装やスカーフなどでそれらしくして登場するのもアイデアです。ナレーターを保育者が担当してもよいでしょう。

練習段階から子どもたちの意見を取り入れて

絵本の読み聞かせ→ごっこあそび→劇・オペレッタへと発展していくなかで、子どもたちからさまざまなアイデアが出てきます。脚本や衣装についての意見や小さなつぶやきも聞き逃がさずに取り入れましょう。「自分たちで劇を作っている」という実感が強まります。

年齢別

簡単にできる！
合奏アレンジ集

発表会を盛り上げてくれる「合奏」。子どもにも保護者にも人気の曲を中心に、鍵盤ハーモニカやタンバリンなど身近な楽器でできる、簡単合奏アレンジと、2歳児が楽しめる歌あそびを紹介します。

イラスト●いとうみき

- **5歳児**
  - 合奏「手のひらを太陽に」
  - 合奏「メヌエット」

- **4歳児**
  - 合奏「おもちゃのチャチャチャ」
  - 合奏「メリさんのひつじ」

- **3歳児**
  - 合奏「山の音楽家」
  - 合奏「アブラハムの子」

- **2歳児**
  - 歌あそび「かわいいかくれんぼ」
  - 歌あそび「おつかいありさん」

❀ 発表会のポイント　合奏編

合奏 5歳児 手のひらを太陽に

作詞／やなせ・たかし　作曲／いずみたく　編曲／大友 剛

まずは、楽器を鳴らして演奏する喜びを大切にしましょう。打楽器のパートは4パターンのリズムでできているので、慣れてきたら、その変化を感じながら演奏できるように促しましょう。

演奏のポイント

楽器編成の例

* 鍵盤ハーモニカ 1　　2
* 鍵盤ハーモニカ 2　　2
* タンバリン　　3
* ウッドブロック　　3
* 鈴　　3
* 大太鼓　　2
* 歌　　全員
* ピアノ　　1（保育者）

❀ 前奏

鈴と大太鼓がリズムをリードしていきましょう。その他の打楽器は、手首を柔らかくして、軽く弾んだ音を出してみましょう。鍵盤ハーモニカは、息を軽く「プップップッ」と吹き込むようにして、歯切れのよい音を出しましょう。

★ ぼくらはみんないきている…いきているからかなしいんだ

同じリズムが8小節続きます。1小節ずつ楽器を上げ下げして演奏するなど、演出を自由にくふうするとよいでしょう。鍵盤ハーモニカは休みなので、歌をうたいましょう。

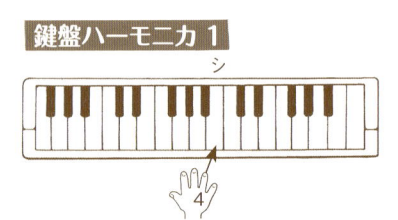

★ てのひらをたいように　すかしてみれば　まっかにながれる　ぼくのちしお

タンバリンとウッドブロックは、8分休符（♪）のあとの音が遅れないようにしましょう。鍵盤ハーモニカ1はロ音（シ）に4の指を、鍵盤ハーモニカ2はト音（ソ）に5の指を置くポジションにすると、5指内の動きだけで楽に演奏することができます。

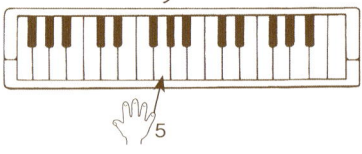

★ みみずだっておけらだって…いきているんだ　ともだちなんだ

前半4小節はメゾフォルテ、後半4小節はフォルテと、強弱を意識してメリハリのある演奏をしましょう。もっとも複雑にリズムが組み合わさる部分です。練習では、まず鍵盤ハーモニカ1・2、タンバリンとウッドブロック、鈴と大太鼓のグループに分かれてリズムを覚え、打楽器だけで合わせられるようになってから、鍵盤ハーモニカを加えるとよいでしょう。

手のひらを太陽に

5歳児

♩ = 110〜120

鍵盤ハーモニカ 1, 2 — *f* … Fine
タンバリン — *f* … Fine
ウッドブロック — *f* … Fine
鈴／大太鼓 — *f* … Fine

歌: D | | A7 | D … Fine

ピアノ — *f* … Fine

タンバリン *mf*
ウッドブロック *mf*
鈴／大太鼓 *mf*

歌 *mf*

| D | Em7 | G/A | D |

1. ぼくらはみんな　いきている　いきているから　うたうんだ
2. ぼくらはみんな　いきている　いきているから　わらうんだ

ピアノ *mf*

ぼくらはみんな いきている いきているから かなしいんだ
ぼくらはみんな いきている いきているから うれしいんだ

てのひらを たいように すかしてみれば

5歳児 ♪ 手のひらを太陽に

まっかに ながれる ぼくの ちしお

{みみず / とんぼ}

だって おけら だって あめんぼ だって
だって かえる だって みつばち だって

みんなみんな　　　いきているんだ　ともだちなんだ

©1965 by ALL STAFF CO.,LTD.

合奏 5歳児 メヌエット

作曲／C.ペツォールト※　編曲／大友 剛

誰もが一度は耳にしたことのあるたいへん有名な曲です。3拍子のリズムを感じながら、かわいらしく踊るようなイメージで演奏しましょう。

演奏のポイント

楽器編成の例

- 鍵盤ハーモニカ1　3
- 鍵盤ハーモニカ2　3
- 木琴（鉄琴）　3
- 鈴　2
- タンバリン　2
- カスタネット　2
- 大太鼓　1
- ピアノ　1（保育者）

1～8小節目

鍵盤ハーモニカ1、鍵盤ハーモニカ2がメロディーを奏でます。鍵盤ハーモニカ1は、最初の2小節はハ音（ド）に、次の2小節はヘ音（ファ）に親指を置くポジションにすると弾きやすいでしょう。音が1オクターブ離れているところ（★）があるので、時間をかけて慣れていきましょう。鍵盤ハーモニカ2は、ハ音（ド）に親指を置くポジションで弾き、親指と人さし指をクロスして弾くところ（☆）の運指に気をつけましょう。

※鍵盤ハーモニカの種類によって鍵盤が足りない場合は、1オクターブ下げて弾いてください。

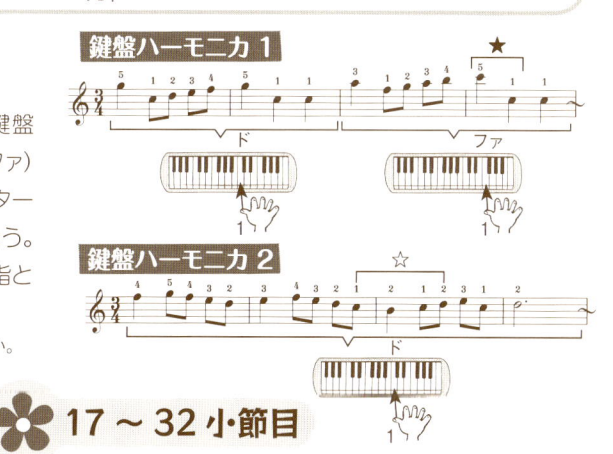

9～16小節目

鍵盤ハーモニカ1、2は引き続きメロディーを奏でます。打楽器はタンバリンとカスタネットが加わり、鈴との掛け合いで3拍子（ズン・チャッ・チャッ／ズン・チャッ・チャッ）を刻みます。まずは、［鈴］［タンバリン・カスタネット］に分かれて練習し、リズムを覚えたら合わせてみましょう。

17～32小節目

鍵盤ハーモニカ1、2は、1～16小節目の要領で演奏します。打楽器は大太鼓が加わります。2分音符（♩）の音は、4分音符（♩）の音よりも、やや強めに打つイメージで演奏してみましょう。鈴、タンバリン、カスタネットは、今までとリズムが変わります。まずは4小節ずつに区切って練習するとよいでしょう。

33～64小節目

新しいメロディーが出てきます。保育者がピアノでメロディーを演奏し、子どもたちをリードしていきましょう。鍵盤ハーモニカは、和音で伴奏します。4分音符の音は、息を「プップッ」と短く吹き込むようにして、軽やかな音色を出せるとよいでしょう。打楽器が目立つ部分です。基本のリズムは覚えやすいので、それぞれ楽器を好きなように持って、気持ちよく音を出し、振りを付けて演出してみてもよいでしょう。最後は、少しだけテンポを落としながら、みんなで息をそろえて終わりましょう。

打楽器　～基本のリズム～　鈴・大太鼓／タンバリン・カスタネット

※J.S.バッハの作品とされていましたが、近年、研究によってC.ペツォールトの作品であるとされました。

♩=110~120
鍵盤ハーモニカ 1
鍵盤ハーモニカ 2
木琴(鉄琴)
鈴
タンバリン
カスタネット
大太鼓
ピアノ
C
F
C
G
C
7
G
C
F
C

メヌエット

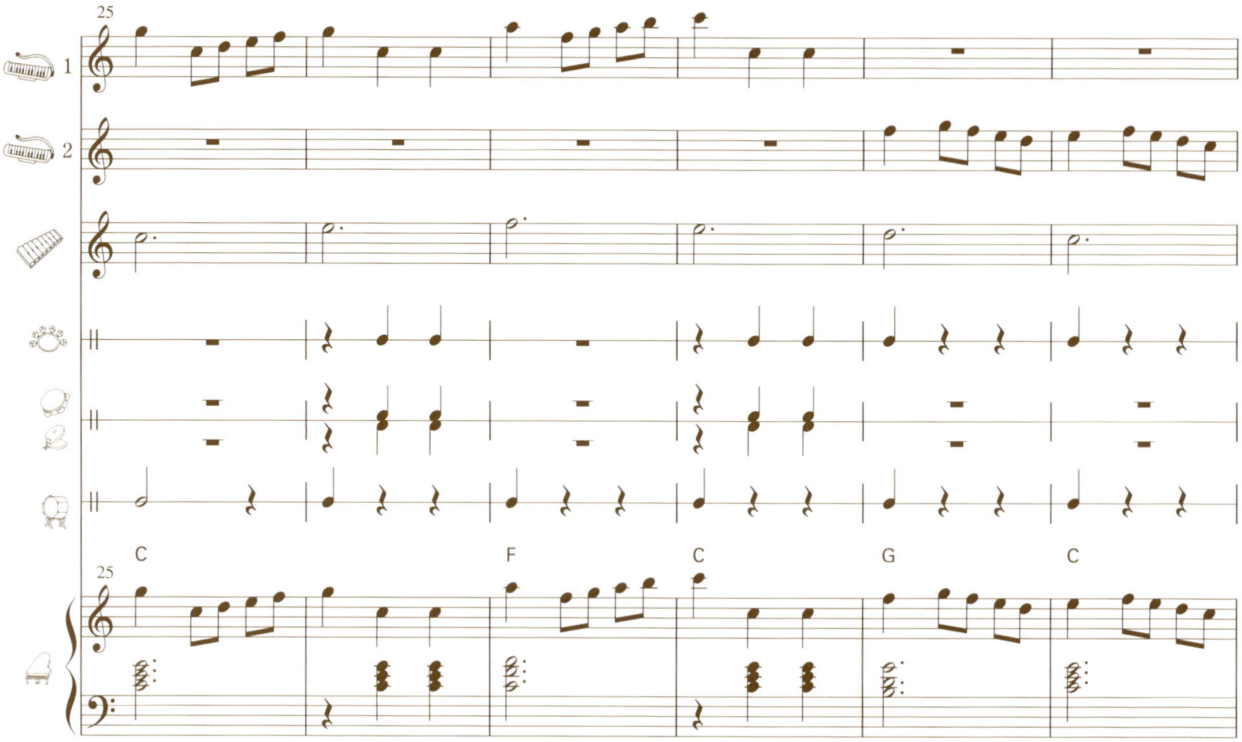
25
1
2
C
F
C
G
C

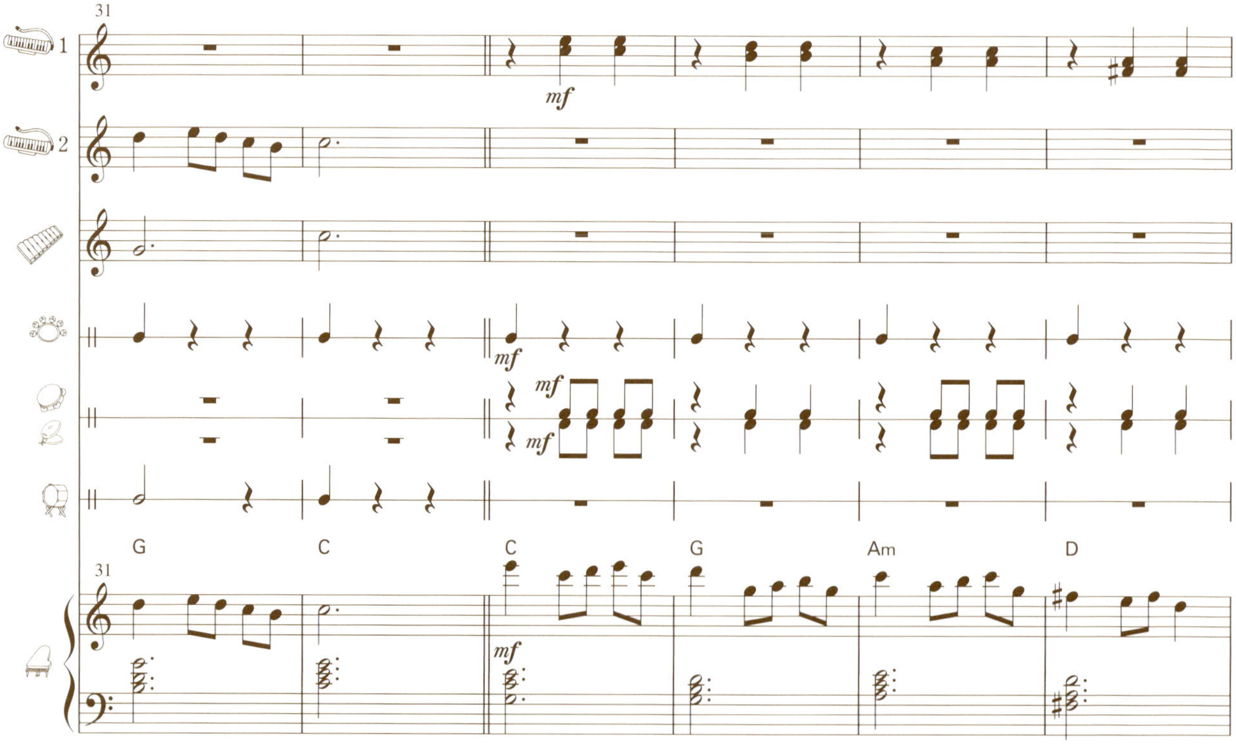
31
1
2
mf
G
C
C
G
Am
D

メヌエット

74

メヌエット

合奏 4歳児 おもちゃのチャチャチャ

作詞／野坂昭如（補詞／吉岡 治）　作曲／越部信義　編曲／大友 剛

「♪チャチャチャ」のリズムを楽しみながら演奏しましょう。11〜14小節目にかけては強弱を意識してメリハリをつけ、曲の最後は全員で息を合わせて元気よくキメましょう。

演奏のポイント

楽器編成の例

- 鍵盤ハーモニカ1 ……… 2
- 鍵盤ハーモニカ2 ……… 2
- カスタネット ……… 3
- 大太鼓 ……… 2
- 鈴 ……… 3
- タンバリン ……… 3
- 歌 ……… 全員
- ピアノ ……… 1（保育者）

★ **おもちゃのチャチャチャ　おもちゃのチャチャチャ　チャチャチャおもちゃのチャチャチャ**

大太鼓と、その他の打楽器との掛け合いがポイント。覚えやすいリズムなので、楽器を顔の横や頭の上で鳴らすなど自由に楽しみましょう。鍵盤ハーモニカ1は、最初の2小節はハ音（ド）に、次の1小節はト音（ソ）に1の指を置くポジションで、鍵盤ハーモニカ2は、3小節とも二音（レ）に1の指を置くポジションで弾きます。

鍵盤ハーモニカ1　ド → ソ

鍵盤ハーモニカ2　レ

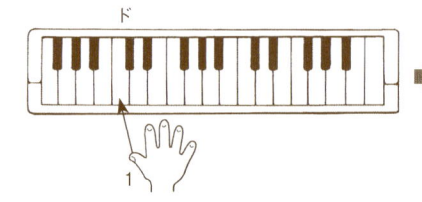

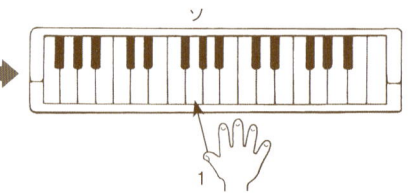

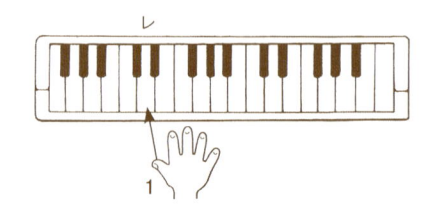

★ **そらにきらきらおほしさま　みんなスヤスヤねむるころ**

カスタネットと大太鼓がリズムをリードしていきます。他の楽器は、軽やかに掛け合いましょう。

★ **おもちゃははこをとびだして　おどるおもちゃのチャチャチャ**

最初の3小節は少し小さい音で演奏します。最後の「♪チャチャチャ」で、再び元気な音を出してキメましょう。

❀ **休符のときの動作を決める**

一番最後の「♪チャ　チャ　チャ」は全員で同じリズムを刻みます。4分休符をよく感じて、堂々とした音で演奏しましょう。休符のときの動作（鈴やカスタネットは手をグーにする、大太鼓は空振りをしながら腕を元の位置に戻すなど）を決めておくと、リズムがとりやすくなります。

♪たたくとき　　休符のとき

おもちゃのチャチャチャ

mp
Dm7 G FM7 Em7 Am
みんなスヤスヤ ねむるころ おもちゃははこを とびだして
ラッパならして こんばんは フランスにんぎょう すてきでしょ
ぐんとはやいな ジェットきは サイレンならせば はっしゃです
みんなたのしく うたいましょ こひつじメエメエ こねこはニャー
まどにおひさま こんにちは おもちゃはかえる おもちゃばこ

1.～4.
5.
f
mf
G C G C C A
おどるおもちゃの チャチャチャ
はなのドレスで チャチャチャ
うちゅうロケットカ チャチャチャ
こぶたブースカ チャチャチャ
そしてねむるよ
チャチャチャ
おもちゃのチャチャチャ

♪ おもちゃのチャチャチャ

合奏 4歳児 メリさんのひつじ

アメリカ民謡　編曲／大友 剛

メロディーを鍵盤楽器で弾いたり、打楽器のリズムで奏でたりと、楽しいアレンジになっています。自由に繰り返して演奏してもよいでしょう。

演奏のポイント

楽器編成の例

- ＊ 鍵盤ハーモニカ　4
- ＊ 木琴　2
- ＊ 鉄琴　2
- ＊ 鈴　2
- ＊ カスタネット　2
- ＊ タンバリン　2
- ＊ 大太鼓　2
- ＊ ピアノ　1（保育者）

❀ 4〜11小節目

4〜7小節目は鍵盤ハーモニカが、8〜11小節目は木琴・鉄琴がメロディーを奏でます。付点のリズム（♪♫）を軽やかに弾けるとよいですね。鍵盤ハーモニカは、ヘ音（ファ）に親指を置くポジションだと演奏しやすいでしょう。木琴・鉄琴は、片手で弾いても両手で弾いてもよいです。両手で演奏ができるようなら、例えば下の譜例のように弾いてもよいでしょう。伴奏は、右手の8分音符が重くならないように気をつけましょう。

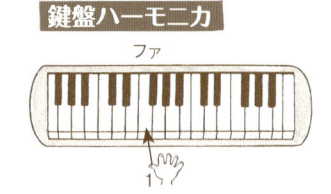

❀ 14〜21小節目

メロディーと同じリズムを打楽器で演奏します。［鈴・カスタネット］［タンバリン・大太鼓］の2つのグループの掛け合いが楽しいところです。ステージ上では、この2つのグループが少し向かい合うような演出にしてもおもしろいでしょう。打楽器の練習の進め方としては、初めはみんなで手拍子でリズムを覚え、そのあと2つのグループに分かれてリズムパターンに慣れてから、楽器を持っての練習にしてもよいでしょう。伴奏は、安定したリズムで子どもたちをリードしていきましょう。

打楽器の練習の例

● みんなで手拍子をしながらリズムのパート全体を通して覚えましょう。

● 2つのグループに分かれて手拍子をしながら、それぞれのリズムパターンに慣れましょう。

● 実際に楽器で演奏してみましょう。

❀ 24〜31小節目

鍵盤楽器も打楽器も加わって、全員で元気いっぱいに演奏しましょう。最後のフェルマータ（𝄐）では、打楽器は連打をするなどして、壮大に終わりましょう。

♩=80〜90

鍵盤ハーモニカ

木琴・鉄琴

鈴
カスタネット

タンバリン
大太鼓

ピアノ

F/C　　　　　G♭/D♭　　　C7

4歳児
♪ メリさんのひつじ

※ となっている楽譜もありますが、子どもたちが演奏しやすい形にしています。

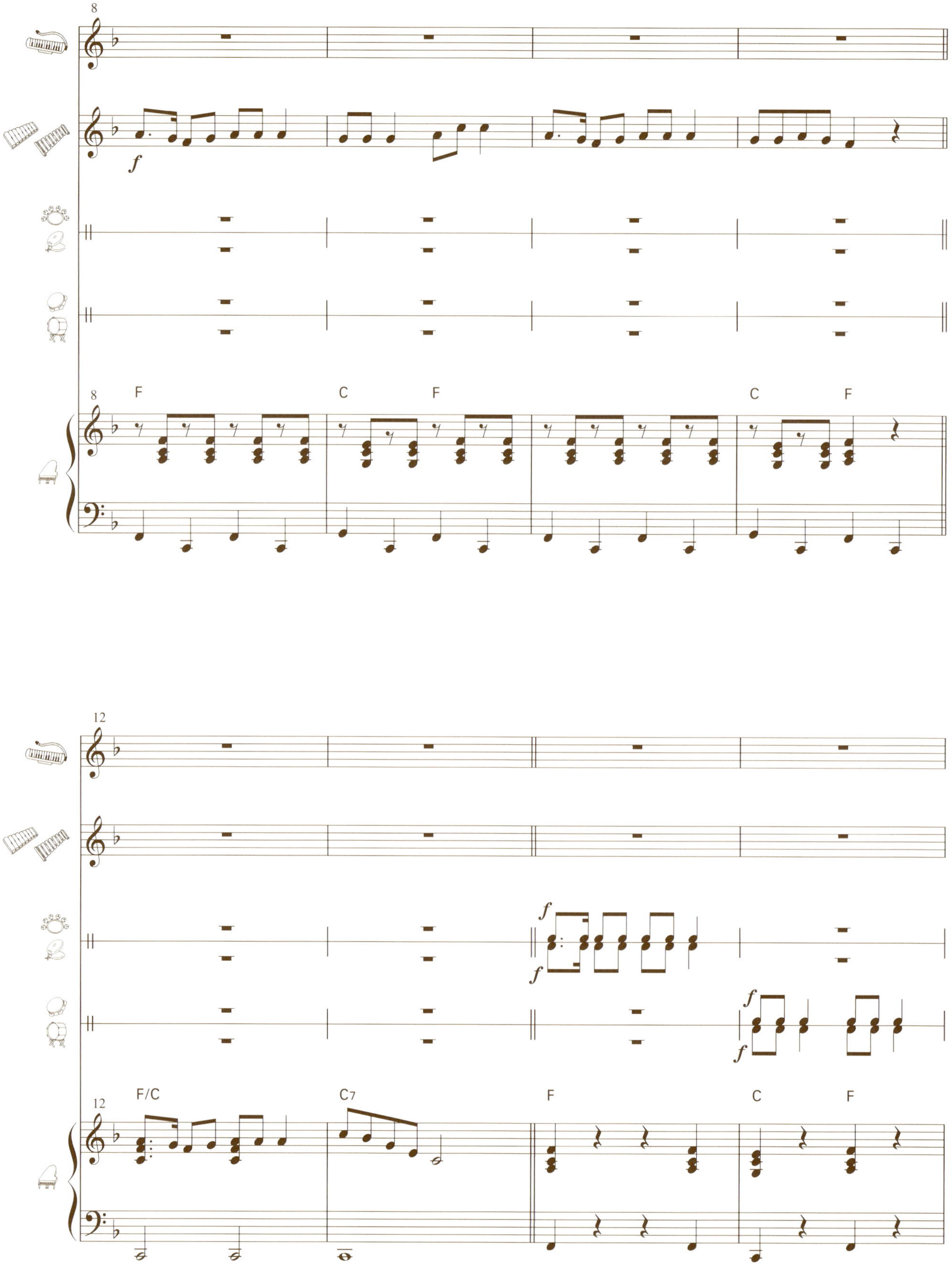
8
F
C
F
C
F
12
F/C
C7
F
C
F

メリさんのひつじ

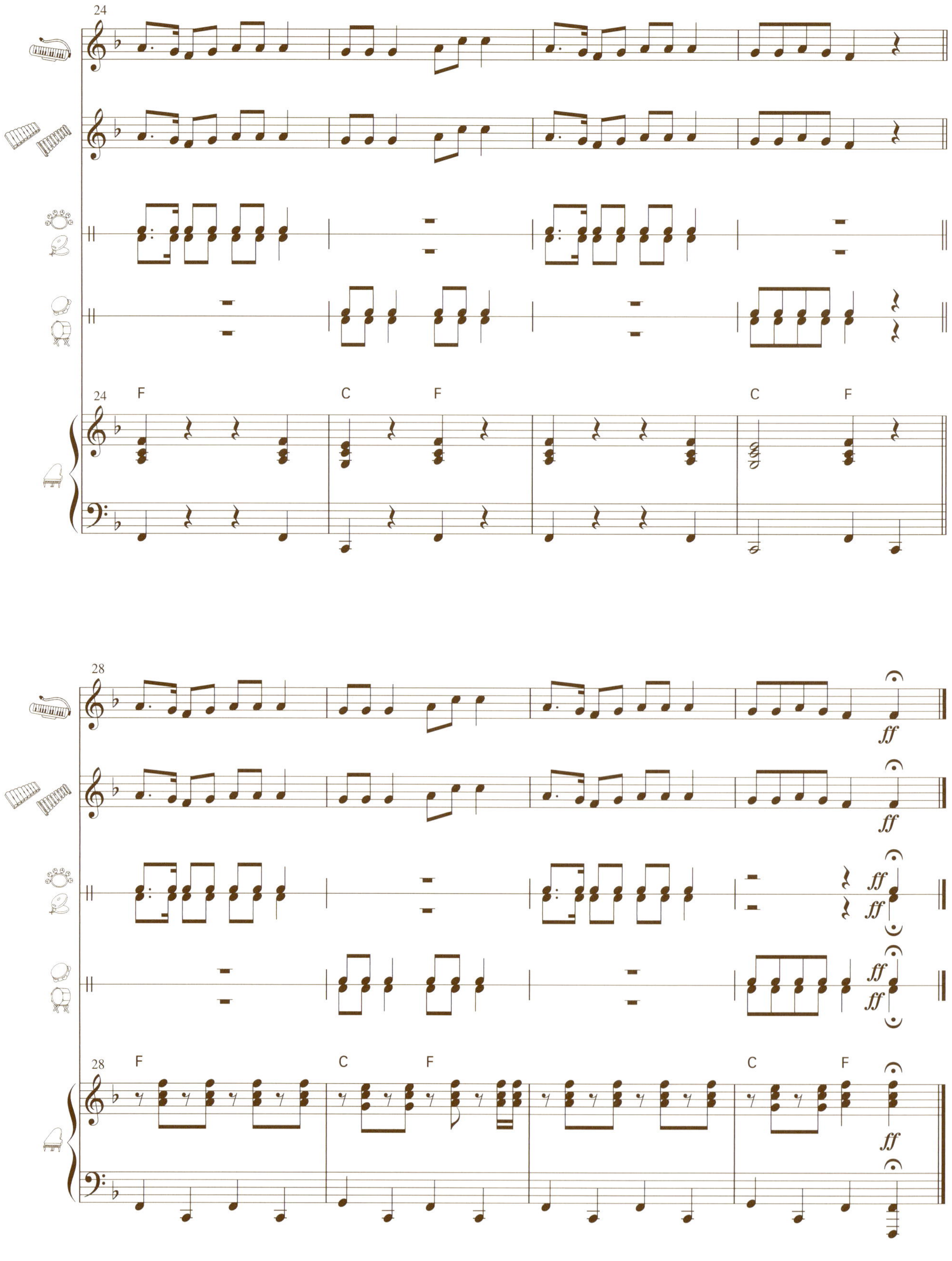
24
24
F
C
F
C
F
28
ff
ff
ff
ff
ff
ff
28
F
C
F
C
F
ff

合奏 3歳児 山の音楽家

訳詞／水田詩仙　ドイツ民謡　編曲／大友 剛

子どもたちが気持ちよく演奏できるかどうか様子をみながらすすめましょう。「♪キュキュ　キュッキュッキュッ…」の部分では、鈴と大太鼓、タンバリンとカスタネットの掛け合いを楽しみます。

演奏のポイント

楽器編成の例

- 鈴　　　　　　　4
- タンバリン　　　4
- カスタネット　　4
- 大太鼓　　　　　3
- 歌　　　　　　　全員
- ピアノ　　　　　1（保育者）

★ **わたしゃおんがくか…ひいてみましょう**

鈴と大太鼓、タンバリンとカスタネットに分かれて練習してから、みんなで合わせましょう。休符のときの動作（鈴やカスタネットは手をグーにするなど）を決めておくと、リズムがとりやすくなります（76ページ参照）。

★ **キュキュ　キュッキュッキュッ…いかがです**

「♪キュキュ　キュッキュッキュッ（×4）」は鈴と大太鼓、タンバリンとカスタネットが同じリズムで掛け合います。前半2小節は大きな音で元気よく、後半2小節は小さな音でかわいらしく演奏すると楽しい表現が生まれます。

❀ **曲の最後**

鈴とタンバリンは楽器を揺らして、カスタネットと大太鼓は連打をして、壮大に終わりましょう。

♩=84~90
鈴
タンバリン
カスタネット
大太鼓
歌
ピアノ
G D G D G D G
mf
mp
1. わ
G D7 G C G/D D7 G D7
たしゃおんがくかやまのこりすじょうずにパ
たしゃおんがくかやまのうさぎじょうずにピ
たしゃおんがくかやまのことりじょうずにフ
たしゃおんがくかやまのたぬきじょうずにた
たちゃおんがくかやまのなかまじょうずにそ

♪ 山の音楽家

合奏 3歳児 アブラハムの子

訳詞／加藤孝広　外国曲　編曲／大友 剛

レクリエーションソングとしておなじみの曲です。あそび歌の部分（「♪みぎて　みぎて…」などのところ）も、自由に楽器を鳴らしながら楽しみましょう。

演奏のポイント

楽器編成の例

- ＊ 歌 .... みんなで
- ＊ 鈴 4
- ＊ カスタネット 4
- ＊ タンバリン 4
- ＊ 大太鼓 2
- ＊ ピアノ .... 1（保育者）

演奏の順番

あそびと歌を交えながら、楽しく演奏しましょう。［鈴・カスタネット］［タンバリン・大太鼓］に分かれて練習してから、みんなで合わせてみましょう。（※1〜8回目まで、「♪アブラハムには…さーおどりましょう」までは同じです）

1回目

保育者　♪みぎて
保育者が右手を上げます。

子どもたち　♪みぎて
子どもたちがまねをします。

2回目

保育者　♪みぎて ┐
子どもたち　♪みぎて ┘ 1回目と同様にします。

保育者　♪ひだりて
保育者が左手を上げます。

子どもたち　♪ひだりて
子どもたちがまねをします。鈴やタンバリンは、楽器を振って音を出しても楽しいですね。

3回目

保育者　♪みぎて ┐
子どもたち　♪みぎて │
保育者　♪ひだりて │ 2回目と同様にします。
子どもたち　♪ひだりて ┘

保育者　♪みぎあし
保育者が右足を出します。

子どもたち　♪みぎあし
子どもたちがまねをします。

4回目以降

以下のように8回繰り返します。「♪おしまい」のあとは、楽器を思い切り鳴らして終わりましょう。

- 4回目　右手→左手→右足→左足
- 5回目　右手→左手→右足→左足→頭
- 6回目　右手→左手→右足→左足→頭→おしり
- 7回目　右手→左手→右足→左足→頭→おしり→回って
- 8回目　右手→左手→右足→左足→頭→おしり→回って→おしまい

♪ アブラハムの子

1.～8. アブラハムには いちにんのこ ひとりはのっぽで

7
あとはちび みーんななかよくくらしてる さーおどりま
Dm7
G
11
1.
(リーダー) (みんなで)
しょう みぎーて みぎーて
2.～8.
(リーダー) (みんなで)
しょう みぎーて みぎー
C
G
C

この部分を繰り返します

(リーダー) (みんなで)

て りあ あーー
だぎだりたしわ
ひみひあおま
  てししまりって
  りああーー
  ひみひあおま
    だぎだりたしわ
    てししまりって
    りああーー
    ひみひあおま

Coda

って おしまい

D.S.

歌あそび 2歳児 かわいいかくれんぼ

作詞／サトウハチロー　作曲／中田喜直

2歳児にぴったりなかわいい歌あそびです。なん度か練習して振りを覚えたら、テンポを変えたり、簡単な掛け合いをしたり、衣装を身につけたり、アレンジを加えたりしながら楽しみましょう。

あそびアドバイス

案・振り付け／浅野ななみ

- 🌸 2歳児の歌あそびは、動作をそろえるということよりも、リズムを楽しみながら動くことを大切にしましょう。

- 🌸 帽子やポンポンなど、簡単に作れるコスチュームを身につけると、よりイメージが広がり、楽しくなります。

- 🌸 曲のテンポは、子どもたちの動作に合わせましょう。

- 🌸 前奏部分で、保育者が「もういいかい」と声をかけ、子どもたちが「もういいよ」と返事をする演出を加えると、より楽しくなります。

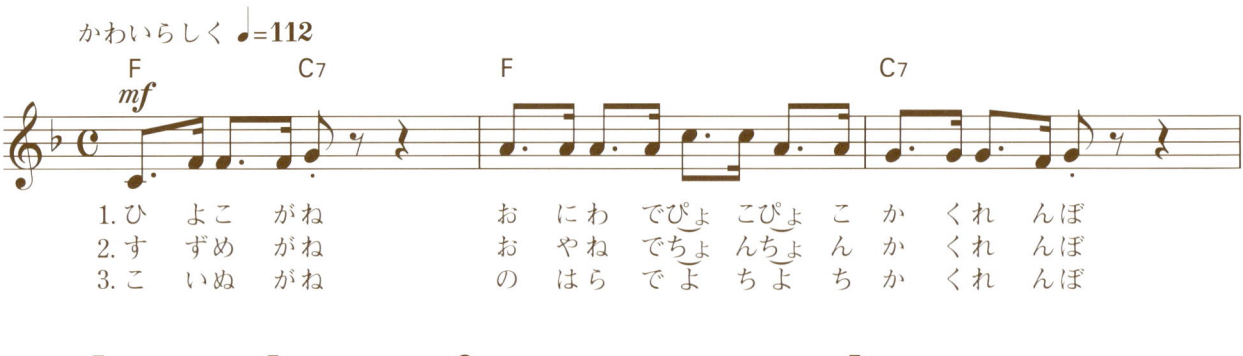

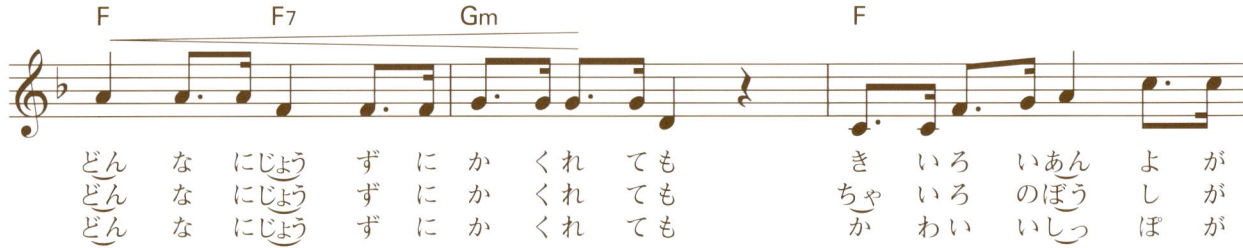

かわいらしく ♩=112

1. ひよこがね　おにわで ぴょこぴょこ かくれんぼ
2. すずめがね　おやねで ちょんちょん かくれんぼ
3. こいぬがね　のはらで よちよち かくれんぼ

どんなにじょうずに かくれても　きいろいあんよが
どんなにじょうずに かくれても　ちゃいろいのぼうしが
どんなにじょうずに かくれても　かわいいしっぽが

みえてるよ　だんだんだ　れがめっかった
みえてるよ　だんだんだ　れががめっかった
みえてるよ　だんだんだ　れがめっかった

コスチューム

コスチュームは簡単で、遠くからでもかわいらしさが伝わるものをくふうしましょう。

帽子をかぶる

- 黄色い帽子
- 黄色いスズランテープを3枚くらい貼り付ける
- ここをまとめる
- 両面テープ

または
- 帯バンド
- ひよこのお面を付ける

黄色いポンポンを持つ

カラーポリ袋を使う

- 首を出す所
- 切る
- これをスッポリとかぶる

または
- 体操服
- 不織布かカラーポリ袋で袖を付ける

振り付け

1番

① ♪ひよこがね
その場で足踏みをしながら、拍手をします。

② ♪おにわで ぴょこぴょこ かくれんぼ
その場で、小さく跳びはねます。

③ ♪どんなに じょうずに
両手を上げます。

④ ♪かくれても
その場で、しゃがみます。

⑤ ♪きいろい あんよが みえてるよ
両手で膝をたたきます。

⑥ ♪だんだん
両手で目隠しをします。

⑦ ♪だれが
両手を離して、顔の横に開きます。

⑧ ♪めっかった
⑥⑦を繰り返します。

2番

①～④、⑥～⑧は、1番と同様にします。

⑤ ♪ちゃいろの ぼうしが みえてるよ
両手で頭を軽くたたきます。

3番

①～④、⑥～⑧は、1番と同様にします。

⑤ ♪かわいい しっぽが みえてるよ
両手を後ろに回して、お尻をたたきます。

イラスト／町塚かおり

2歳児 ♪かわいいかくれんぼ

歌あそび 2歳児 おつかいありさん

作詞／関根栄一　作曲／團 伊玖磨　編曲／安藤真裕子

付点のリズムを感じて、楽しく跳ねるように演奏しましょう。簡単な振りを付けてうたってもよいでしょう。

あそびアドバイス

案・振り付け／浅野ななみ

- 歌に入る前にお話のように語ったり、ペープサートなどを見せたりして場面のイメージを伝えると、曲を理解しやすくなります。
- 振り付けは、子どもの発達に合わせて足踏みや駆け足、両足跳びなどの動作を加えましょう。
- 手あそびの動作を繰り返し楽しんでから、体全体を使ったリズムあそびに発展させましょう。
- 簡単な衣装や触角のお面をつけることで、「あり」のイメージが広がり、役になりきって楽しく演じることができます。

1. あんまり いそいで こっつんこ
2. あいたた ごめんよ そのひょうし

ありさんと ありさんと こっつんこ
わすれた わすれた おつかいを

あっ ちいっ て ちょん ちょん こっ ちき て ちょん

振り付け

前奏（8呼間） 
両手の人さし指を立てて頭の横で振りながら、膝を軽く屈伸してリズムをとります。

1番

① ♪あんまりいそいで 
両手を軽く握り、腕を曲げて前後に振りながら体でリズムをとります。

② ♪こっつんこ 
両手をグーにして前に出し、打ち合わせます。

③ ♪ありさんと ありさんと こっつんこ
①から②までと同様にします。

④ ♪あっちいって 
両腕を曲げて、ひじで体の横を2回たたきます。

⑤ ♪ちょんちょん 
両手の人さし指を立てて、頭の横で2回振ります。

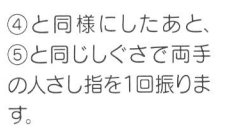

⑥ ♪こっちきてちょん
④と同様にしたあと、⑤と同じしぐさで両手の人さし指を1回振ります。

2番

⑦ ♪あいたた ごめんよ 
体でリズムをとりながら、握った両手で軽く頭をたたきます。

⑧ ♪そのひょうし 
3回、拍手をします。

⑨ ♪わすれた わすれた おつかいを
⑦から⑧までと同様にします。

⑩ ♪あっちいって ちょんちょん こっちきて ちょん
④から⑥までと同様にします。

後奏（8呼間） 
リズムに合わせて6回拍手をしてから、両手を上げてポーズをとります。

イラスト／いとうみき

2歳児 ♪おつかいありさん

発表会のポイント
合奏編

楽器決めやパート決め、練習など、やらなければならないことが山積みの発表会。子どもたちの意見を聞いたり、保護者の要望を受けたりと、保育者が配慮したいポイントを紹介します。

文●ポット編集部　イラスト●みやれいこ、いとうみき

合奏で｜あそびのなかでリズム感を育む

合奏は、みんなの呼吸・リズムを合わせることが大切です。そこで、練習に入る前に体を使ったリズムあそびなどを取り入れて、楽しみながらリズム感を体に染み込ませましょう。

合奏で｜楽器決めは子どもの希望を最優先

合奏では、メロディーを奏でる楽器もあれば、あまり出番のこない楽器などさまざま。楽器を決めるときは、「この楽器がやりたい！」という子どもの気持ちを大切にしましょう。人気のない楽器は、保育者が実際に演奏してみて、その楽器の魅力をアピールします。

歌｜歌詞を覚えるよりも歌詞の意味や内容を伝えて

歌詞を覚えようと繰り返し練習するよりも、歌詞の意味を知り、イメージをもってうたえた方がより楽しい歌あそびになります。イメージを豊かに膨らませることができるよう、具体的な説明や声かけのくふうをしましょう。

歌｜大声で叫ぶのではなくうたう！

「元気よくうたって」と言われると、つい大声で叫んでしまう子どもがいます。歌あそびをする際は、叫ぶのではなく、みんなで声をそろえてうたうことの大切さを伝えましょう。

楽器ごとに目立つ部分を作る！ 〈合奏で〉

　出番の少ない楽器だと、練習をしているうちに飽きてしまったり、合奏する楽しさが実感できないまま終わってしまったりする可能性も。どの楽器でも目立てる部分を設ければ、自信をもってステージに立つことができ、演奏中も緊張感をもって演奏することができるでしょう。

〈鈴さんが主役だよ！〉

本番の舞台で練習する！ 〈合奏・歌共通〉

　いくら練習をしても、発表会当日、いきなり大きな舞台に立つのは大人でも難しいこと。練習の段階でなん回か、本番で使う舞台での練習を行いましょう。ホールなどを借りる場合も、事前に見学したり、舞台に立たせてもらったりすることで緊張が和らぎます。

〈ここがステージよ　お〜！〉

「その他大勢」の1人になったら…？ 〈合奏・歌共通〉

　人数が多い場合、あまり目立つ見せ場のない「その他大勢」の1人になってしまうことがあります。そんな場合は、他の演目で目立つ役になったり、司会や進行のお手伝いをしてもらうなどしてもいいでしょう。

〈次はたんぽぽ組さんです！〉

合奏・楽器の配列の例

発表会当日のアドバイス

子どもたちへの対応

ついに迎えた発表会当日。ハプニングやトラブルが起きてしまっては、この日のために練習をがんばってきた子どもたちの努力が台なしに。本番当日こそ、配慮したいポイントを紹介します。

文●ポット編集部　イラスト●みやれいこ

言葉かけで緊張を和らげて

本番当日、「失敗したらどうしよう」と不安だったり、大勢の観客に驚いたりして、緊張してしまう子どもたちも多いはず。保育者は冷静に「練習どおりやればいいんだよ」「失敗しても大丈夫だよ」などと、優しく声をかけて緊張を和らげてあげましょう。

普段のあそびでリラックス

緊張したまま舞台に立つのは避けたいもの。まずは、普段遊んでいる手あそび・歌あそびや、簡単なリズム体操などで体をほぐしましょう。みんなで普段どおりのあそびをすることで、緊張感も和らぎ、体も心もリラックスできます。

子どもの体調は入念にチェック！

緊張からおなかが痛くなったり、なん度もトイレに行ったりと、不安そうな子どもたち。こんなときこそ、子どもたちの体調チェックはていねいに行いましょう。気になる点があったときは、保護者に伝えるなど、すばやい対応が大切です。

会場の準備
当日に必ず音響機器の確認を！

前日までは問題がなくても、本番で突然アクシデントが起きることも。特に音響機器などは、必ず開演前に確認し、音が出ることをチェックしておきましょう。なにかハプニングが起きても、すぐに対応できるよう予備の音源などを用意しておくと安心です。

発表会前&当日のアドバイス
保護者&来場者への対応

がんばって練習してきた子どもたちの晴れ姿を保護者たちは楽しみにしています。スムーズな進行はもちろん、本番までの子どもたちの一生懸命な様子も伝えて、発表会を存分に楽しんでもらいましょう。

文●ポット編集部　イラスト●みやれいこ

プログラムでストーリーを紹介

オリジナルの脚本やお話を脚色した劇あそびなどの場合、ストーリーがわからなくて観客がついていけないことも。プログラムなどに、簡単なストーリーや見どころを掲載すると、安心して楽しむことができます。

アナウンスで会場を盛り上げる

次はひまわり組の「うらしまたろう」です。お魚のダンスの振り付けはみんなでいっしょに考えました。

家で練習してたわ

演目と演目の間など会場がザワザワしてしまったとき、アナウンスで会場を盛り上げましょう。次に登場する子どもたちの演目で注目してほしい場面や見どころを紹介すると、期待感もぐっと高まります。

発表会前
おたよりで練習風景を伝える

発表会当日までに、子どもたちがどんなふうに練習を重ねてきたのか、事前におたよりなどでその様子を伝えていきましょう。堂々と舞台に立つ子どもたちの姿が、より感動的に映ります。

みんな毎日発声練習をがんばっているな

観客の位置をクラスによって入れ替え

いま舞台に登場している子どもたちの保護者が、優先的に前に座れるように、クラス・学年単位で席の移動をお願いしましょう。プログラムの流れと観客席の配置、休憩時間などをバランスよく組み合わせるのがポイントです。

コピー用型紙

型紙は00ページ のマークが付いているアイテムの型紙コーナーです。
必要な大きさにコピーしてご利用ください。

4~5ページ さるとかに

さるさん

くりさん

うすさん

かにさん

かきの種

おむすび

かきの木の芽

このメッセージが見えるまで開くときれいにコピーすることができます。

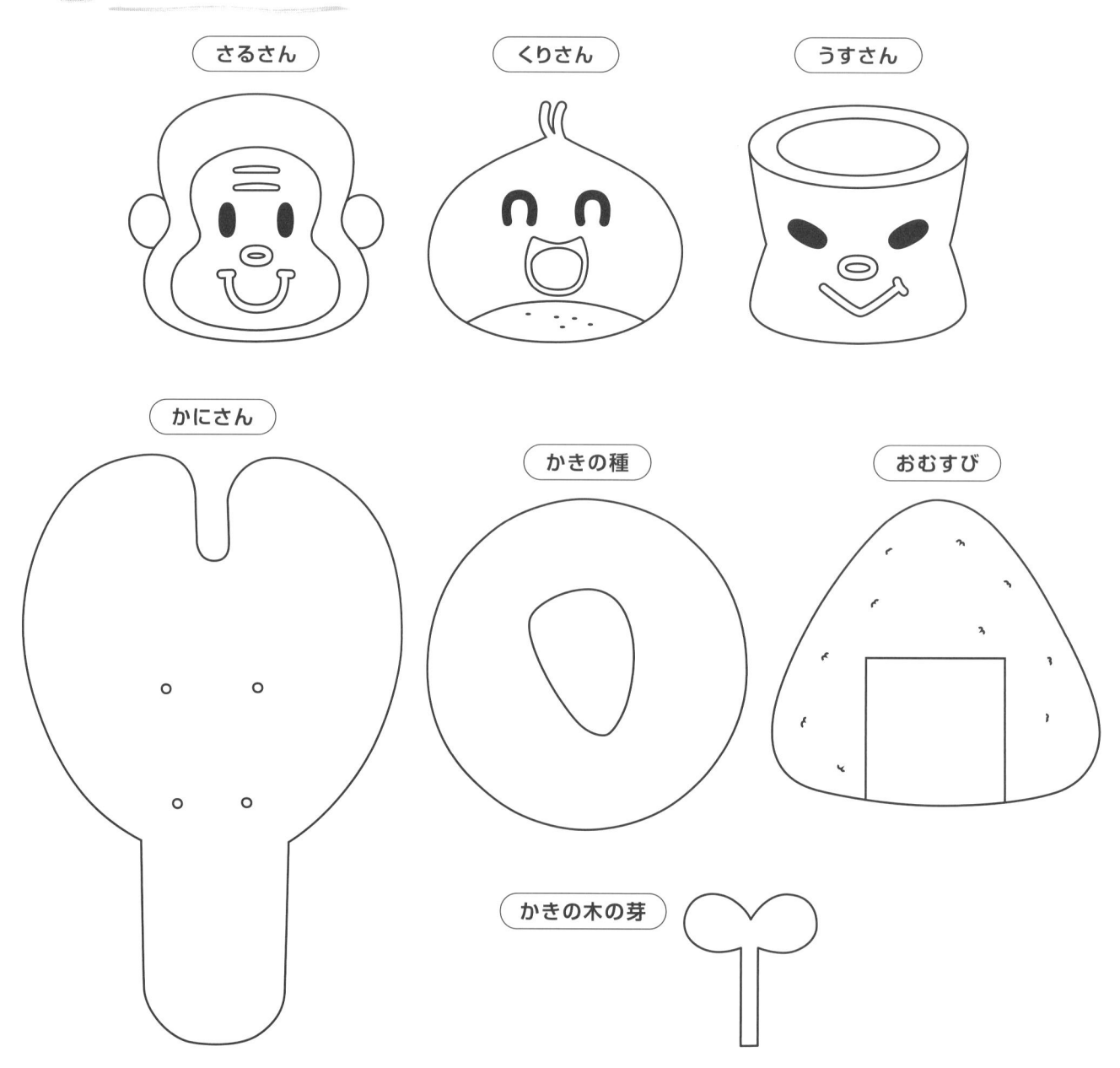

木①　　　　　　　　　　木②

囲炉裏　　　　　　　　水がめ

このメッセージが見えるまで開くときれいにコピーすることができます。

6〜7ページ　王様の耳はろばの耳

子やぎ　　　いぬ　　　花

王冠

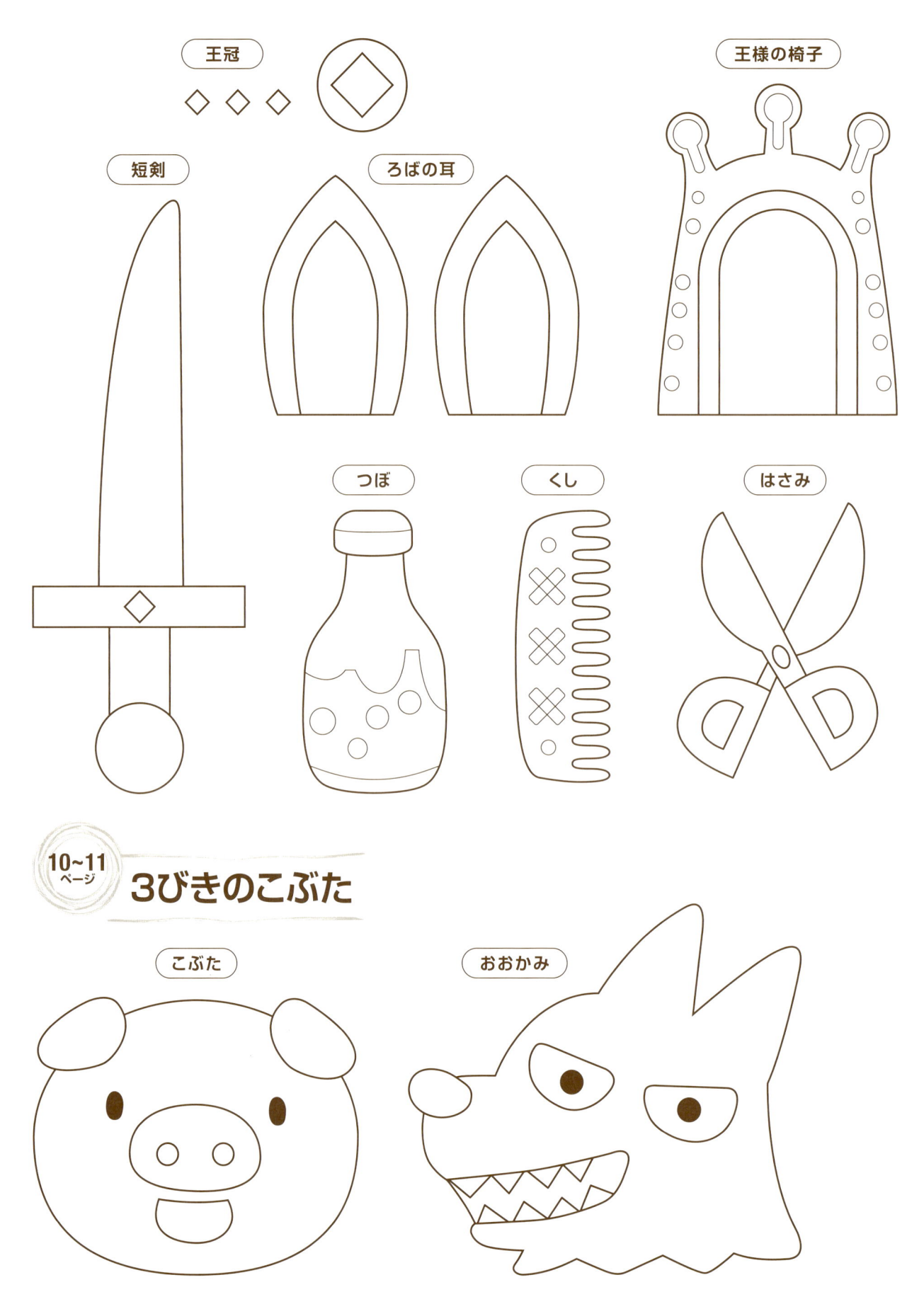

短剣　　ろばの耳　　王様の椅子

つぼ　　くし　　はさみ

このメッセージが見えるまで開くときれいにコピーすることができます。

10~11ページ
3びきのこぶた

こぶた　　おおかみ

12〜13ページ こびとのくつや

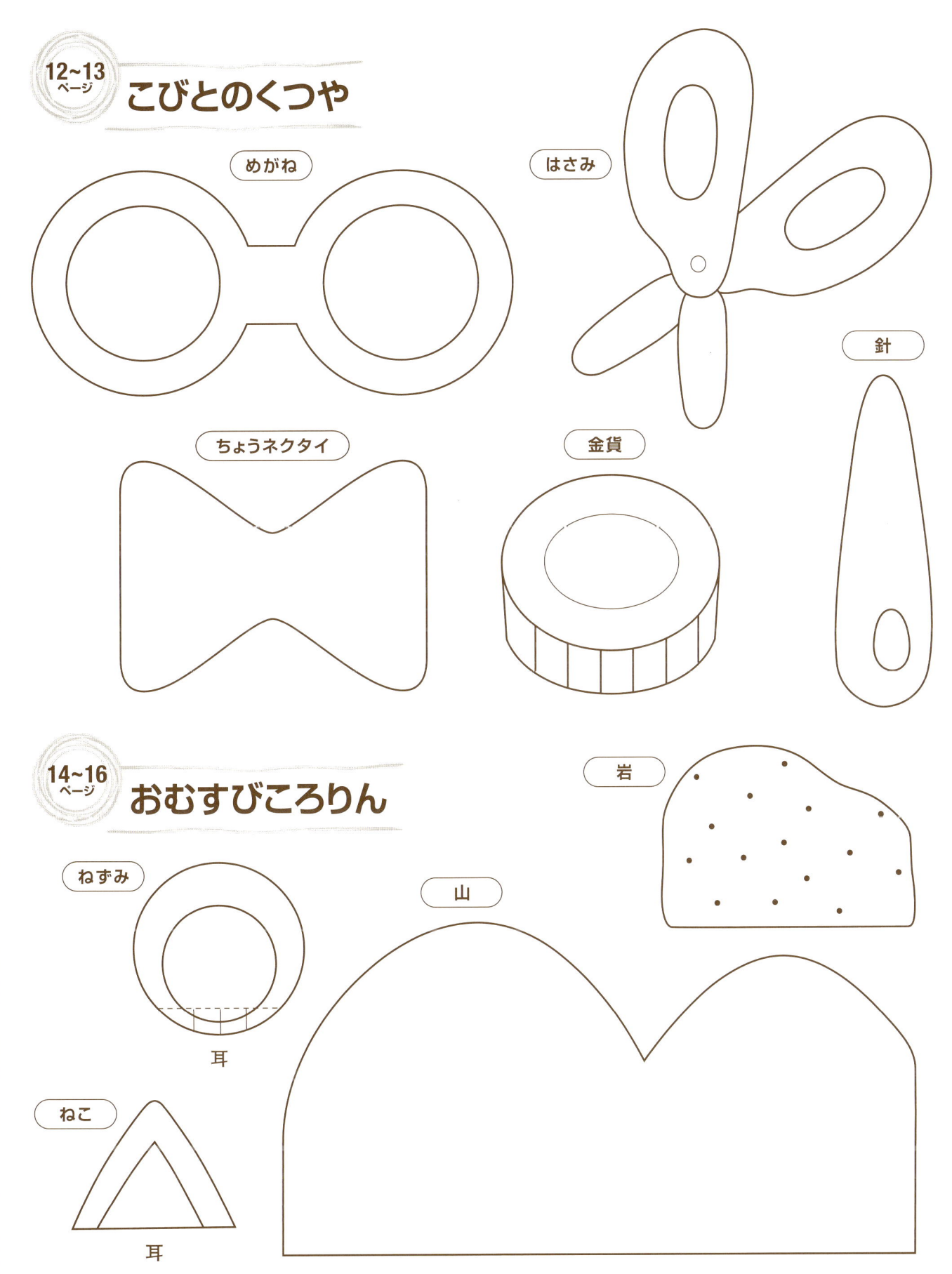

- めがね
- はさみ
- ちょうネクタイ
- 金貨
- 針

14〜16ページ おむすびころりん

- ねずみ 耳
- ねこ 耳
- 山
- 岩

このメッセージが見えるまで開くときれいにコピーすることができます。

103

● 案・監修

あかまあきこ
絵本『たまごを こんこんこん』(ひさかたチャイルド)をはじめ、保育造形や紙工作の案・製作、イラストなど多数の作品を手がける。

浅野ななみ
乳幼児教育研究所講師。乳幼児のあそび、歌、お話の創作、保育教材の監修にあたる。『0、1、2歳児のあそびアイデア集』(チャイルド本社)など著書多数。

犬飼聖二
あそび集団「あそび工房らいおんバス」を主宰。子どもと、うたい、踊り、工作しながら、あらゆるあそびの提案を行う。全国で講演活動を行い、著書も多数。

山本和子
童話作家。長年、児童館で工作を指導。書籍、月刊誌でお話や工作案、シアター案などを執筆。著書に『食育あそび大集合 食べ物工作で遊んじゃおう!』(チャイルド本社)など。

山本省三
大学で児童心理学を学んだあと、広告制作を経て、児童書の創作に入る。絵本『おふろでぽっかぽか』(講談社)をはじめ、紙芝居、造形、ゲーム考案など作品多数。

● 編曲

安藤真裕子
東京芸術大学卒業。主に歌曲やマンドリンを中心に作・編曲を行っている。保育用の歌、合奏曲の編曲も多数あり、保育雑誌や曲集に掲載されている。
http://mashroomlady.music-tbox.com/top.html/

大友 剛
「音楽とマジックと絵本」という異色の組み合わせで国内外で活動。ピアノやマジックの教材やセミナーにも力を入れている。初の翻訳絵本『ねこのピート』(ひさかたチャイルド)を刊行。http://otomotakeshi.com

● 製作

あかまあきこ、あさいかなえ、まーぶる、みつき、やのちひろ、山本省三

● イラスト

あまだよう、いとうみき、加藤直美、北村友紀、坂本直子、まーぶる、町塚かおり、まつながあき、みやれいこ、ユカリンゴ

表紙イラスト ● かいちとおる
表紙デザイン ● 檜山由美
本文デザイン ● 島村千代子
型紙トレース・デザイン ● 金入亜希子、プレーンワークス
撮影 ● 正木達郎、林 均
モデル ● 有限会社クレヨン、株式会社ジョビィキッズ

編集協力 ● 株式会社スリーシーズン
音楽版下製作 ● 株式会社クラフトーン
本文校正 ● 有限会社くすのき舎
楽譜校正 ● 高松紫音
編集担当 ● 石山哲郎、飯島玉江

ポットブックス
発表会のための 年齢別 劇・オペレッタ&合奏

2012年9月　初版第1刷発行
2019年8月　　第5刷発行

編　者／ポット編集部　ⒸCHILD HONSHA CO.,LTD. 2012
発行人／村野芳雄
発行所／株式会社チャイルド本社
　　　　〒112-8512　東京都文京区小石川5-24-21
　　　　☎ 03-3813-2141（営業）　☎ 03-3813-9445（編集）
振　替／00100-4-38410

印刷所・製本所／図書印刷株式会社
日本音楽著作権協会(出)許諾第1207968-905号
ISBN／978-4-8054-0203-0
NDC 376　104P　26×21㎝　Printed in Japan

本書の型紙以外のページを無断で複写複製することは、法律で認められた場合を除き、著作権者及び出版社の権利の侵害となりますので、その場合は予め小社あて許諾を求めてください。

乱丁・落丁本はお取り替えいたします。
チャイルド本社ホームページアドレス　https://www.childbook.co.jp/
チャイルドブックや保育図書の情報が盛りだくさん。どうぞご利用ください。